CLAUS KOCH

Das Recht des Kindes, unglücklich zu sein

CLAUS KOCH

Das Recht des Kindes, unglücklich zu sein

Ängste, Frust & Co. zulassen und verstehen

FREIBURG · BASEL · WIEN

Dieses Werk wurde vermittelt durch
Aenne Glienke | Agentur für Autoren und Verlage
www.AenneGlienkeAgentur.de

www.herder.de

Satz: Daniel Förster
Herstellung: GGP Media GmbH, Pößneck

Printed in Germany

ISBN Print 978-3-451-60121-7
ISBN E-Book (EPUB) 978-3-451-83098-3

Inhalt

Einleitung

»Es war herrlich draußen auf dem Lande. Es war Sommer. Das Korn stand gelb, der Hafer grün, das Heu war unten auf den Wiesen zu Haufen zusammengetragen« – inmitten dieser Idylle beginnt ein Märchen, das die meisten von uns kennen und bis heute anrührt. Denn hier kommt das *hässliche Entlein* zur Welt, von dessen Wandlung hin zu einem schönen Schwan uns sein Schöpfer Hans Christian Andersen vor mehr als 150 Jahren erzählt hat. Kinder wie Erwachsene lieben dieses Märchen, obwohl es so traurig beginnt, und begleiten das hässliche Entlein in ihren Gedanken gemeinsam auf seinem Weg in ein glückliches Leben.

Von der Gemeinschaft ausgeschlossene Tiere wie das hässliche Entlein finden sich in vielen Märchen, ebenso wie unglückliche und einsame Kinder. Und nahezu alle Kinder lieben solche Erzählungen, obwohl sie anfangs so traurig beginnen. Sie fiebern mit ihren kleinen Heldinnen und Helden und freuen sich, wenn am Ende alles gut ausgeht. Und so sehen und empfinden es auch die Erwachsenen, wenn sie ihren Kindern solche Geschichten vor dem Einschlafen vorlesen. Am Ende winkt dem oder der Unglücklichen das Glück: »Und sie lebten glücklich und zufrieden bis an ihr Lebensende.«

Dennoch scheint ein Buch, das auch *dem eigenen Kind* das Recht zugesteht, unglücklich zu sein, auf den ersten Blick als Provokation. Wollen denn nicht *alle* Eltern, dass ihr Kind von Geburt an glücklich ist, dass es ihm gutgeht, und dies nicht zufällig, sondern weil sie selbst als Eltern dafür Sorge getragen haben? Und dafür würden sie am liebsten alles tun. Vielleicht nicht immer das Richtige. Aber wer weiß schon, was in der Erziehung wann und zu welcher Zeit »das Richtige« für ein Kind ist?

Aber damit, möglichst immer für ihr Kind da zu sein, besonders, wenn es ihm nicht gutgeht, wenn sie ihm am liebsten sämtliche Hindernisse aus seinem Lebensweg räumen möchten, übernehmen Eltern eine Aufgabe und Verantwortung, der sie kaum gerecht werden können. Oft fühlen sie sich dann schuldig, wenn sie sich ihr nicht gewachsen fühlen oder sich das Leben ihres Kindes anders entscheidet. Eltern haben nicht alles in ihrer Hand. Doch trotz Rückschlägen und bis auf sehr wenige Ausnahmen wollen Eltern, dass es ihren Kindern gutgeht, und dies möglichst *immer*. Das Glück ihrer Kinder befindet sich stets am oberen Ende ihrer Wunschskala.

Das weiß auch die Werbeindustrie. Pausenlos preist sie uns Produkte an, die uns und unseren Kindern Glück bringen sollen, von der Wohnungseinrichtung über das passende Outfit, die kindgerechte Urlaubsreise und virtuelle Spielereien bis hin zur Marmelade, die seinen Namen trägt. Unzählige Filme, Videos in den sozialen Medien und Popsongs handeln vom Glück und geben uns nebenbei Ratschläge, wie wir glücklich werden können: »Don't worry, be happy«, dieser Ruf erreicht uns aus allen Ecken des Internets, nahezu jede Vorabendserie im Fernsehen handelt davon, wie wir dieses Ziel trotz manchmal widriger Umstände am besten und dennoch erreichen können.

»Don't worry, be happy« dürfte die bis heute meist gespielte Beschwörungsmelodie sein, es, statt sich mit Sorgen und Kummer herumzuplagen, doch lieber einmal mit dem Glück zu versuchen. Nahezu jede und jeder hat diese Hymne in seinem oder ihrem Leben schon einmal gehört und selbst vor sich her gepfiffen. Das Glück, so greifbar nahe – man muss es nur wollen! Zahlreiche »Glücks-Apps« zeigen uns, wie das geht. Das Glück als höchstes aller Gefühle ist machbar!

Von solcher Sogwirkung des Glücks wissen auch die Verlage. Gebe ich das Wortpaar »Glückliche Kinder« bei Amazon ein, kann ich mit weit mehr als 2000 positiven Ergebnissen rechnen. Glückliche Kinder werden in sämtlichen Spielarten in nahezu allen Elternratgebern beschworen. Denn wer will sie nicht? »Wie unsere Kinder glücklich werden« lautet die Beschwörungsformel, die uns auf Buchumschlägen in dieser und ähnlicher Form begegnet. Alle das Glück eines Kindes fördernde Umstände werden angepriesen. »Gesunde Ernährung, glückliche Kinder«, »Entspannt einschlafen – glücklich aufwachen«, »Das Geheimnis glücklicher Kinder«, »Warum dänische, französische oder brasilianische Kinder besonders glücklich sind«, »Wie Sie Ihrem Kind aktiv dabei helfen, im Leben wirklich glücklich zu sein« – so lauten die Werbebotschaften auf den Buchdeckeln, die uns ködern wollen. »Glückliche Kinder = glückliche Eltern« – das ist die dahinter versteckte Botschaft. Wer will mehr? Glück, Glück, Glück! Wer es wirklich will, bekommt es auch! So oder so ähnlich geht es zu auf dem unerschöpflichen Markt der Elternratgeber.

Die meisten dieser Bücher sind, auch wenn sie sich in unendlich vielen Spielarten wiederholen, dennoch gut gemeint. Wer will schon ein Kind, das unglücklich ist? Aber genau hier lauert die Gefahr ihrer Botschaft. Denn das so werbewirksam versprochene Glück, zumal in einem Umfeld, welches häufig Glücksfähigkeit und persönlichen Erfolg miteinander verknüpft, stellt Eltern vor eine sie immer wieder von Neuem überfordernde Aufgabe und konfrontiert sie mit einem Anspruch, den Erziehung nicht einlösen kann. Es ist ein den Eltern vorgegebenes Maß, das sie, wenn es verfehlt wird, häufig im Stillen verzweifeln lässt und traurig macht. Sie beziehen die einfache Tatsache, dass ihr Kind manchmal oder über einen längeren Zeitraum *nicht* glücklich ist, auf sich selbst, ihr *Unvermögen,* ihr Kind glücklich zu machen. Sie suchen die Schuld für das Unglück ihrer Kinder bei sich. Denn unsichtbar schwingt bei dieser Art von Glücksversprechen immer auch das Misstrauen solchen Eltern gegenüber mit, die es einfach nicht hinbekommen, ihr Kind glücklich zu machen.

Hinzu kommt, dass Eltern von Verwandten, Freunden und Bekannten, aber auch von pädagogischen Fachkräften, häufig vermittelt wird, ein unglückliches Kind sei ein *schwaches* Kind, das den vielfältigen Anforderungen, die an es gestellt werden, nicht gerecht werden kann. Auch deshalb dürfe man einem Kind nicht zumuten, unglücklich zu sein, und müsse stattdessen dafür sorgen, dass es, wie es in vielen Elternratgebern heißt, möglichst »stark« oder »resilient« ist.

*

Mein Buch will mit dem schlechten Ruf, der einem »unglücklichen Kind« vorauseilt und der viele, wenn nicht die meisten Eltern belastet, gründlich aufräumen. Es tritt dafür ein, dass Kinder ebenso wie glücklich zu sein auch das Recht haben, sich unglücklich zu fühlen. Sich unglücklich oder traurig zu fühlen ist nichts Schlechtes, sie sollen es ausleben dürfen, ohne dass wir, ob als Eltern oder Pädagogen, sofort dagegen einschreiten. Ein Kind mit den Worten zu belehren »Ist doch alles nicht so schlimm«, hilft ihm nicht weiter, denn in diesem Moment möchte es unglücklich sein, und niemand soll es dabei stören.

Wenn sich ein Kind zum Beispiel ungerecht behandelt fühlt, *will* es unglücklich sein, und niemand soll ihm widersprechen. Und manchmal will ein Kind auch in seiner Phantasie unglücklich sein wie diejenigen, denen es in Kinderbüchern, Märchen oder in Filmen begegnet. In der Hoffnung, dass am Ende alles gut ausgeht. Kinder, besonders, wenn sie älter und zu Jugendlichen werden, schwelgen manchmal gerne im Unglück, was auch der Abgrenzung von der Welt der Erwachsenen dient: »Ihr und die ganze Welt seid schuld, dass es mir gerade nicht gutgeht.« Unglücklich zu sein kann also auch Entlastung bedeuten, wenn man sich bemüht, selbständig zu werden. Andererseits kann es aber auch ein Hilfeschrei sein, obwohl Kinder und Jugendliche aus unterschiedlichen Gründen meistens nicht gerne zugeben, unglücklich zu sein. Dem Kind oder Jugendlichen aber sein Unglück zu bestreiten, lässt es sprachlos und schweigsam werden, und wir können ihm nicht helfen, aus seinem Unglück wieder herauszufinden.

Jedes Kind fühlt sich immer wieder einmal unglücklich. Aus verschiedenen Anlässen. Kinder erleben derlei Unglück oft unmittelbar im Augenblick – ohne dabei nach Gründen zu suchen oder sofort an die eigene Zukunft zu denken. Das nimmt ihnen auch ihre Angst vor diesem Gefühl. Am nächsten Tag könnte die Welt ja schon wieder ganz anders aussehen, zumindest so lange, wie kein neues Unglück passiert. Das unterscheidet sie von Jugendlichen oder Erwachsenen, die oft mehr fürchten, sich unglücklich zu fühlen, da sie sofort an die Konsequenzen denken, die dieses Gefühl für sie mitbringen könnte. Ihr Blick richtet sich in der Suche nach Gründen für ihr Unglück sowohl in die Vergangenheit als auch in die Zukunft. Sie fragen sich, woran es liege könnte, dass sie so unglücklich sind, begleitet von der Angst, ob und wann dieser Zustand wieder aufhört. Auch könnte ihre Stimmung bei anderen nicht so gut ankommen, wenn es um das berufliche Weiterkommen geht. Oft suchen sie dann nach einem, der schuld daran ist, dass sie sich so unglücklich fühlen.

Kinder sind anders. Sie geben, zumindest solange sie noch klein sind, nur selten den Erwachsenen die Schuld dafür, wenn sie sich unglücklich fühlen. Vielleicht hat es mit ihrer eigenen Unwissenheit um die Gründe, weshalb sie unglücklich sind, zu tun, aber auch und besonders mit der unmittelbaren Nähe zu ihren Eltern, die für sie sorgen und sich doch alle Mühe geben, sie glücklich zu machen. Kinder wollen sich ihren Eltern gegenüber fast immer loyal verhalten. Sie wollen ihnen nicht wehtun, weil sie wissen, dass sie noch lange auf sie angewiesen sind. Lieber schweigen sie.

Kindern das Recht zu geben, unglücklich zu sein, ist etwas ganz anderes, als ihnen dabei zuzusehen, wenn sie dauerhaft leiden, weil man sie misshandelt, ihnen absichtlich wehtut, ihnen die Freude am Leben nimmt oder weil starke Ängste, begründet oder unbegründet, ihr Leben bestimmen. Dann ist es unsere Aufgabe als Erwachsene, ihnen unmittelbar beizustehen und zu helfen.

Außer Frage steht auch, dass Erziehung Voraussetzungen dafür schaffen kann, dass ein Kind oder ein Jugendlicher Krisen in seiner Entwicklung gut überstehen kann. Wozu auch gehört, Phasen, in denen man sich unglücklich fühlt, gut überstehen zu können und neuen Lebensmut zu finden. Wie unzählige Studien gezeigt haben, ist die beste Voraussetzung, einem Kind dabei zu helfen, sein Leben zu meistern, ihm von Geburt an das Gefühl von Sicherheit und Geborgenheit zu geben, es anzuerkennen, wie es ist, und feinfühlig auf es einzugehen, wenn seine Blicke, Gesten und Worte es von uns verlangen. Aber dies ist keine *Garantie dafür*, dass es deswegen *immer* glücklich und mit sich zufrieden ist. Im Gegenteil: Jedes Kind und jeder Jugendliche kennt Phasen in seiner Entwicklung, in denen er sich unglücklich fühlt. Dieses Gefühl gehört zum Leben wie jedes andere auch. Wer wie die Werbung oder eben auch wie manche Bücher Kindern und Jugendlichen ausreden will, dass Angst, empfundenes Leid oder auch Unglück zum Leben gehört, macht sie unfähig, mit diesen Gefühlen adäquat umzugehen, lässt sie erstarren und beraubt sie ihres Gefühls, wirksam etwas dagegen unternehmen zu können. Es ist gerade die Überwindung unglücklicher Stimmungen, aus der heraus ein Kind oder ein Jugendlicher sich stark fühlt. Und wer diese Stimmung nicht kennt, weil man sie nicht zulassen will, weiß auch meistens nicht, wie es sich anfühlt, glücklich zu sein. Das Leben wird zu einem trägen Fluss.

Auch das gut behütete und erst recht das einsam zurückgelassene Kind macht die Erfahrung, dass sein Leben es nicht immer gut mit ihnen meint. Verlorene Freundschaften, feindselige Begegnungen in Kita und Schule, Schulstress, Trennung und Scheidung, Zukunftsängste und vieles mehr stehen am Wegrand der Entwicklung nahezu aller Kinder und Jugendlicher. Sich manchmal traurig oder unglücklich zu fühlen, gehört einfach dazu, und es gilt, diese Stimmungen des Kindes und Jugendlichen anzuerkennen; man muss ihnen Raum geben, auch um der Erfahrung willen, *mit eigener Kraft* wieder aus ihnen herauszufinden. Viele Ratgeber, aber auch Fachleute suggerieren Eltern, dass es erst gar nicht so weit kommen muss, bzw. dass es gilt, wenn unglückliche Phasen das Leben bestimmen, sie möglichst schnell zu überwinden und ihre Spuren zu verwischen. Oft hören solche Kinder und Jugendliche dann von ihren Eltern den toxischen Satz: »Wie kannst du nur traurig oder unglücklich sein, du hast doch alles!« Dann entwickeln sich bei ihnen verschwiegene und unausgesprochene Schuldgefühle ihren Eltern gegenüber, die doch alles tun, um ihr Kind glücklich zu machen.

Fragt man Kinder und Jugendliche, wie es ihnen geht, zum Beispiel, wenn sie nach der Schule nach Hause kommen, sagen die meisten von ihnen »gut«, und zwar auch dann, wenn es überhaupt nicht gut war. Letzteres gibt man ungern zu, einerseits, weil man seine Eltern nicht unnötig belasten will, andererseits, weil man aus Sicht der Erwachsenen und wie es von der Gesellschaft gefordert wird, möglichst immer funktionieren soll, egal, wie es einem gerade geht. Mit dem schlechten Ruf, der gerade den unglücklichen Kindern vorausgeht, entwickelt sich bei ihnen in der Folge dann eine tiefe Leere und ein Schweigen, weil sie spüren, dass ihr Unglücklichsein nicht gewünscht ist. Aus der Angst heraus, dem Ideal vom »glücklichen Kind« nicht gewachsen zu sein, beantwortet das Kind die Frage, wie es im geht, fast immer positiv. So entspricht es dem einen Gebot, das von allen Seiten an es gestellt wird: Hauptsache, es geht dir gut und du bist glücklich! Dann fangen Kinder und Jugendliche an, was sie *wirklich* fühlen, zu verbergen, weil *man* darüber nicht spricht. Sie zerbrechen an diesem Ideal von Glück und fühlen sich umso mehr einsam und unglücklich, weil sie nicht zu denen gehören, die, wie sie es von allen Seiten hören, immer oder doch meistens glücklich sind. Es gehört viel Mut dazu, wenn ein Kind oder Jugendlicher vor seinen Eltern, wie verständnisvoll sie auch sein mögen, zugibt, dass es ihm innerlich nicht gut, sondern schlecht geht.

Der feinfühlige Umgang mit Kindern und Jugendlichen verlangt, das Unglück, sei es der eigenen oder fremder Kinder, *anzuerkennen*, was nicht bedeutet, es hinzunehmen. Unglückliche Kinder brauchen das Gefühl, unglücklich sein zu dürfen, und gleichzeitig die Gewissheit, dass diejenigen, die Verantwortung für sie tragen, ihnen gerade deswegen nahe bleiben und weiterhin für Anteilnahme, Schutz und Geborgenheit stehen. Dass sie sich schwach zeigen dürfen und ihre Stärke gerade darin besteht, Unglück und Trauer zu überwinden und auf diese Weise das Glück umso mehr schätzen zu lernen. Denn in den meisten Fällen kehrt es, oft in Form von kleinen Begebenheiten, wieder zu ihnen zurück: Eine neue Freundschaft entsteht, Trennungskinder finden zurück ins Leben und eine Erzieherin oder ein Lehrer gibt Kindern das Gefühl, so, wie sie sind und sich gerade fühlen, ganz besonders wertvoll zu sein.

*

Zum Aufbau des Buchs:

Im *ersten Teil des Buchs* geht es vor dem Hintergrund gesellschaftlich vorgegebener und normierter Glücksversprechungen um ein besseres Verständnis unglücklicher Kinder.

Das *erste Kapitel* weist auf die nahezu alle Lebensbereiche erfassende Jagd nach dem Glück in unserer Gesellschaft hin. Glück und ein gutes Leben zu haben werden eins, Glück ist der Maßstab, an dem sich unsere Existenz messen lassen soll. Nur der glückliche Mensch zählt. Glück ist machbar. Das hat Folgen: Aus solcher Perspektive wird das Unglück zum Ausnahmezustand, zum Stigma, zum Unvermögen.

Wie eng kindliches Glück und das Glück der Eltern miteinander verbunden sind und das kindliche Glück auf diese Weise zum Beuteschema von Eltern werden kann, zeigt das *zweite Kapitel*. Gemeint ist hier nicht das flüchtige Glück, das ein Kind oder Jugendlicher im jeweiligen Augenblick bei sich spürt, sondern das Glück als Ressource, als »Booster« für ein später erfolgreiches Leben.

Im *dritten Kapitel* wird dem in unserer Gesellschaft gängigen Glückbegriff das Glück eines Kindes entgegengesetzt. Worin unterscheiden sich kindliches Glück vom Glück der Erwachsenen?

Um die besten Voraussetzungen in der frühen und späteren Kindheit, dass ein Kind sich glücklich fühlt und sich aber auch unglücklich fühlen darf, geht es im *vierten Kapitel*. Alles hängt von der Erfüllung existenzieller Bedürfnisse eines jeden Kindes ab, die hier in ihrer Bedeutung angesprochen und näher erläutert werden.

Im *fünften Kapitel* geht es um Märchen. Nahezu alle Kinder lieben sie und identifizieren sich mit dem Schicksal unglücklicher Kinder, die dennoch ihr Leben meistern und am Ende, zumindest in den meisten Fällen, glücklich werden. Warum fasziniert Kinder, aber auch Jugendliche und Erwachsene das Schicksal unglücklicher Menschen so sehr? Hängt es vielleicht damit zusammen, dass sie hier ein Sprachrohr für eigenes, erlebtes Unglück finden, das unsere Gesellschaft am liebsten aus dem Leben jedes und jeder Einzelnen verbannen will?

Im *sechsten Kapitel* wenden wir uns dem Glück eines Kindes unter einem anderen Blickwinkel zu. Nicht dem allseits propagierten Glück von Werbefachleuten, Elternratgebern und Influencerinnen, sondern dem Glück des Kindes, seinem eigenen Willen Ausdruck zu verschaffen, sich selbst leben zu dürfen, weltoffen und neugierig zu sein, sich zu mögen, wie man ist.

Im *siebten Kapitel* fasse ich dann anhand des bisher Gesagten die Gründe, warum ein Kind das Recht hat, unglücklich zu sein, in zehn Thesen zusammen.

Im *zweiten Teil* des Buches geht es konkret darum, was unglückliche Kinder brauchen und wie wir ihnen helfen können.

Ein Menschenleben ohne unglückliche Phasen ist kaum vorstellbar. Und tatsächlich gibt es viele Anlässe, unglücklich zu sein – vom einfachen Schulkummer bis hin zur Angst vor einer unbewohnbaren Erde. Dem wenden wir uns im *achten Kapitel* zu. Im Anschluss an die vielen Beispiele, bei denen die Kinder und Jugendlichen auch selbst zu Wort kommen, finden sich Tipps und Ratschläge, wie Eltern und Erwachsene bei solchen Anlässen angemessen, hilfreich und einfühlsam auf das Unglücklichsein ihrer Kinder eingehen und ihnen helfen können.

Im *neunten Kapitel* geht es um eine dem unglücklichen Kind oder Jugendlichen altersgemäß angemessene und hilfreiche Gesprächsführung, bevor wir uns im *zehnten Kapitel* schließlich damit beschäftigen, wie wir unglücklichen Kindern, die aus ihrem Unglück allein nicht mehr herausfinden, konkret helfen können.

Hier verabschieden wir uns noch einmal von der trostspendenden Vorstellung, dass das Leben immer nur glückliche Momente für uns bereithält, und betonen gleichzeitig den Zauber, den nur das von jeglicher Normierung unverstellte Glück für Kinder, Jugendliche und Erwachsene bereithält.

TEIL 1

UNGLÜCKLICHE KINDER VERSTEHEN

1. Kapitel

Ich bin glücklich, also bin ich

Die Glücksgesellschaft

Wir leben in einer Welt, in der traurig und unglücklich zu sein weniger denn je angesagt ist. Sich unglücklich fühlen ist mit einem Makel behaftet, der unglückliche Mensch wird zum »Loser«, man meidet seine Gesellschaft, unterstellt ihm Schwäche, Unvermögen und Selbstmitleid. Dies gilt in besonderem Maße für Kinder, die sich noch kaum gegen den allgegenwärtigen Glücksanspruch in unserer Gesellschaft wehren können. Ihre Abhängigkeit von den Erwachsenen und deren Glücksansprüchen macht es ihnen unendlich schwer, sich zu ihrem Unglück zu bekennen und sich anderen gegenüber zu öffnen. Unglückliche Kinder werden, auch in ihrer Beziehung zu anderen Kindern, häufig diskriminiert. Man meidet den Kontakt mit ihnen, als könne man sich bei ihnen anstecken. Unglückliche Kinder sind oft *einsame* Kinder. Denn im Gegensatz zu Erwachsenen, die sich gegen die Gleichsetzung von »Unglück« und dem ihm anhaftenden schlechten Ruf wehren können, fehlen ihnen, je jünger sie sind, dazu die kognitiven Voraussetzungen und die Möglichkeiten, ihr Unglück mit eigenen Mitteln zu überwinden. Die lange andauernde Abhängigkeit von ihren Eltern trägt dazu ebenso bei wie dass sie anfällig werden für deren Glückversprechungen und sich ihnen – oft gegen ihren

Willen – unterordnen. Dann schweigen sie lieber und verkriechen sich in sich selbst. Anerkennung dafür, wie sie sich gerade fühlen, finden sie dann ausgerechnet nicht bei denen, die sie lieben und bewundern. Das Glück, das auch sie suchen, wird in der Glücksgesellschaft, in der sie leben, zum Befehl, am besten immer und überall glücklich zu sein.

»Ich bin glücklich, also bin ich« – dieser Absolutheitsanspruch durchdringt die persönlichen Beziehungen in unserer Gesellschaft bis in ihre feinsten Verästelungen. Damit werden nicht alle Kinder und Jugendliche fertig. Die Situation, in der sie sich dann befinden, ist tragisch.

Mitten drin in der »Hygge-Welt«

Das dänische Standardlexikon *Gyldendals Ordbog* übersetzt das Wort »hygge« recht unspektakulär mit »Gemütlichkeit« bzw. einer »gemütlichen Atmosphäre«. »Hyggeaften« ist dann der gemütliche Abend, »hyggekrog« die Kuschelecke und es sich »hyggelig« machen, bedeutet einfach nur, es sich gutgehen zu lassen. Hierzulande aber hat dieses im Dänischen recht harmlos daherkommende Wort in den zurückliegenden Jahren eine große Karriere gemacht, was vor allem daran liegt, dass es mehr oder weniger mit »Glück« und einem »glücklichen Leben« gleichgesetzt wird. »Hygge« steht nicht mehr nur für Gemütlichkeit und Wohlbefinden, sondern gleichzeitig für ungebrochenes Glück in den eigenen vier Wänden, für ein ganz besonderes Lebensgefühl, das jede und jeden, wenn man nur will, glücklich werden lässt.

Sieht man sich im Netz um, wird so aus »hygge« ein »dänisches Rezept für mehr Glück im Alltag«, »hygge« verheißt, »glücklich und zufrieden wie die Dänen« zu werden, oder ganz schlicht: »so funktioniert Glück auf Dänisch«. Uns derlei Glücksverheißung nahezubringen gibt es eine Zeitschrift gleichen Namens, die als »Magazin für das einfache Glück« angepriesen wird, eine Glückserfahrung, die uns ebenso in anderen Zeitschriften wie *flow*, *carpe diem* oder *happinez*, die das Glück bereits in ihren Namen tragen, nahegebracht werden soll. Es gibt Cafés, die »Hygge« heißen, und ein Yogastudio für Babys, das sich stellvertretend für das glückliches Kleinkind »Hyggebaby« nennt, es gibt Seife mit entsprechendem Aufdruck und natürlich Bücher über Bücher, die das Wort oft schon in ihrem Titel führen oder entsprechend beworben werden: *Hygge* für Einsteiger, *Hygge, ein Lebensgefühl, das einfach glücklich macht*, *Das große Hygge-Buch – einfach glücklich sein.*

»Hygge, hygge, hygge« – nach einer entsprechenden Suchanfrage im Netz schwirrt einem der Kopf vor lauter »hygge« und »glücklich sein«. Die Hygge-Welt wird zu einem alltäglichen Bestandteil in unserem Leben, es ist ganz einfach, in ihr zu leben, und natürlich kommen in ihr auch Kinder vor – *glückliche Kinder!*

Das Glück, früher einmal Ausnahmezustand, in der Geschichte der Menschheit immer wieder feierlich beschworen und gefeiert, in Bildern, Büchern und philosophischen Schriften, in der Musik, vor dem Altar, bei Beerdigungen und auf der Bühne, ist zum Geschäftsmodell geworden.

Glück als Geschäftsmodell

Das Glück, überall und zu jeder Zeit angepriesen, ist alles andere als ein selbstloses Versprechen. Es wird denen, die es unablässig propagieren, zu einer unerschöpflichen Geldquelle. Die von dem Erfinder der Psychoanalyse, Sigmund Freud, einst geäußerte kulturkritische Feststellung: »Die Absicht, dass der Mensch glücklich sei, ist im Plan der Schöpfung nicht enthalten«,[1] wird so in ihr krasses Gegenteil verkehrt. Jetzt geht es nicht mehr nur darum, dass es das höchste Ziel des Menschen ist, glücklich zu sein, sondern dass wirklich jede und jeder von uns, ganz unabhängig von jeweiligen Voraussetzungen, auch das Zeug dazu hat, es zu werden – wenn wir nur wollen! Glücklich werden lässt sich, mit anderen Worten, unter bestimmten Voraussetzungen *kaufen*, und wer es nicht tut, ist selbst schuld, unglücklich zu bleiben. Der Psychologe Edgar Cabanas und die Soziologin Eva Illouz sprechen in ihrem gleichnamigen Buch von einem »Glücksdiktat« und zeigen auf, wie es unser Leben mittlerweile bis in alle Verästelungen hinein beeinflusst.[2]

Dass man mit dem Lebensgefühl »glücklich zu sein« nicht nur viel Geld verdienen kann, sondern zu seiner wissenschaftlichen Erforschung auch viel davon eintreiben kann, hatten die Vertreter einer »Positiven Psychologie«, die in den 1990er Jahren entstand und ihren Fürsprechern schnell zu Ruhm und Anerkennung verhalf, schnell begriffen. Die neue Strömung wandte sich ab von einer sich eher an psychischen Beschwerden und Krankheitsbildern orientierenden Psychiatrie und Psychologe und betonte jetzt die positiven Ressourcen menschlichen Lebens. Glück und die Suche nach dem Sinn eines guten Lebens waren und sind bis heute ihre vorrangigen Themen. Ihre Galionsfigur, der amerikanische Psychologieprofessor Martin Seligman, nutzte die Abkehr von einem defizitorientierten psychologischen Modell, das eher die Schwächen des Einzelnen betonte, nicht nur, um das Spektrum psychologischer Forschung zu erweitern, sondern ließ seine neue Theorie ebenso zur Grundlage eines umfassenden Geschäftsmodells werden: »Don't worry – be happy!«

Statt sich über Stress, gesellschaftliche Missstände und persönlich widerfahrenes Unglück zu beklagen, soll nun jede und jeder Einzelne mit der Kraft des »Positiven Denkens« sein Schicksal in die eigenen Hände nehmen und auf diese Weise persönlich glücklich und zufrieden werden können. Dies würde der Schaffung einer positiven Unternehmenskultur ebenso nutzen wie der Schaffung widerstandsfähiger Soldaten. Dabei bezog Seligman den Ausgangsgedanken, sich auf die positiven Dinge im Leben zu konzentrieren, statt immer nur am persönlich empfundenen Elend herumzudoktern, auch auf neue psychotherapeutische Methoden, die dazu dienen sollen, Menschen mit psychischen Problemen zu mehr Zufriedenheit und persönlichem Glück zu verhelfen.

In seinen beiden bekanntesten Bestsellern *Der Glücksfaktor. Warum Optimisten länger leben* und *Flourish. Wie Menschen aufblühen* wandte sich Seligman, obwohl wegen seiner Untersuchungsmethoden und Forschungsresultate von der Fachöffentlichkeit vielfach kritisiert, im Verlauf seines Lebens immer weniger an die akademische Öffentlichkeit, sondern stattdessen an ein breites Publikum, das die Botschaft seiner Ratgeber, jede und jeder könne glücklich werden, wenn sie oder er es nur wolle, dankbar aufnahm. Sein Credo lautete: Wenn Glück und Wohlbefinden weniger Ausdruck einer bestimmten Lebenssituation sind, sondern, wie er glaubte, nachgewiesen zu haben, plan- und machbar werden, lassen sich auch bestimmte Methoden und Vorgehensweisen finden, die allen, die danach trachten – und wer tut das nicht? –, ein entsprechendes Lebensgefühl vermitteln. Dann ist Glück kein Ausnahmezustand mehr, sondern lässt sich *lernen*.

Dies begründete Seligman mit einer eigens zu diesem Zweck formulierten *Glücksformel*: H = S+C+V. Hinter dieser naturwissenschaftlich anmutenden Formel verbirgt sich die Botschaft, dass, abgesehen von der jeweiligen erblichen Anlage und den jeweils gegebenen Lebensumständen, gegen die man nur wenig auszurichten vermag, allein der Wille des Menschen zählt, glücklich zu werden: Glück bedeute mit anderen Worten, sich von seinem Schicksal nicht unterkriegen zu lassen und darauf zu vertrauen, dass sich das Glück schon einfindet, wenn man bestimmte Regeln beachtet. Im Vordergrund stehen dabei Sinnsuche, positives Denken, das Trachten nach Autonomie und Achtsamkeitsübungen, um sich von Stress und Belastung nicht unterkriegen zu lassen. Glücklich ist, wer dann über ein Mehr an Selbstachtung, Durchsetzungsvermögen und vor allem Erfolg im Leben verfügt. Es gilt, seine inneren Stärken zu finden und zu mobilisieren, sie, wenn noch nicht vorhanden, nach und nach aufzubauen und zu erlernen. Glück macht glücklich, so die sich selbst bestätigende Beweisführung.

Bis heute ist der Markt für solche »Programme« riesig groß. Denn das Glücksversprechen wendet sich schließlich an jeden und jede mit der Botschaft, dass alle, wenn sie sich nur genügend anstrengen, glücklich werden können. So auch die, die unter ihren Lebensumständen leiden, die wenig Grund zur Freude an ihrem bisherigen Leben haben. Positiv denken, anstatt miesepetrig immer nur auf dem Leiden und dem Unglück der eigenen Existenz herumzureiten, ist die Devise. *So machen Sie Ihr Glück. Wie Sie mit einfachen Strategien zum Glückspilz werden* oder *Glücklich sein. Warum Sie es in der Hand haben, zufrieden zu leben* sind die dazu passenden Buchtitel, die sich auf dem Ratgebermarkt in unendlich vielen Facetten finden lassen.

Weltweit hat sich aus derlei Verheißungen inzwischen eine Milliardenindustrie entwickelt. Sie reicht neben einer Unzahl von Büchern und Therapieangeboten, Wohlfühlprogrammen, Coachings, Tipps zur Selbstoptimierung von Influencerinnen bis hin zur App »Happify« (www.happify.com), die es jedem ermöglicht, bei Tag und bei Nacht sein Glücksniveau zu verfolgen. Hinzu kommen entsprechende Tipps, nicht nur, um das Glück in Gang zu halten, sondern auch, um es zu kontrollieren und ihm immer wieder neue Nahrung zu verschaffen. Traurig und unglücklich zu sein sei heutzutage nicht mehr angesagt, stattdessen gelte es, das jeweilige unglückliche Befinden gegen eine neue und leicht erlernbare Glückserfahrung einzutauschen. »Ich bin glücklich, also bin ich« – dieser Absolutheitsanspruch wurde für diejenigen, die ihn propagieren, zu einer unerschöpflichen Geldquelle.

Wenn das Glück zur Norm wird

Dass Menschen nach Glück streben, das sei an dieser Stelle betont, ist an sich nichts Verwerfliches. Im Gegenteil. Das Streben nach Glück kann das eigene Tun und Handeln aktivieren und beflügeln, es stärkt die Hinwendung zu anderen Menschen und den gegenseitigen Austausch mit ihnen, es verhindert, sich von der Welt abzuwenden und es mit allerlei spirituellen Praktiken nur bei sich selbst zu suchen. Die Glückssuche kann zum Motiv werden, sich anderen gegenüber zu öffnen und auch sich mit jemandem glücklich zu fühlen.

Dazu zählt natürlich auch die Liebe. Dass sie glücklich machen kann, ist eine Binsenweisheit, und die meisten von uns haben diese Erfahrung in ihrem Leben gemacht, ob als Jugendliche, als junge Erwachsene oder auch als älterer Mensch. Die Suche nach Liebe, oft gleichgesetzt mit der Suche nach Glück, ist ein sich seit Jahrhunderten stets wiederholendes Thema aller möglichen Genres und findet sich bis heute überall, ob in der Literatur, Musik oder im Film. Kaum eine Serie, kaum ein Schlager oder Popsong kommen ohne den Verweis aus, dass Liebe Erfüllung und Glück bringen kann. Auch das Gegenteil, nämlich Tragik und Unglücklichsein, ist eng damit verbunden, wenn die Liebe nicht erwidert, wenn sie enttäuscht wird oder scheitert. In der unendlichen Erzählung vom Glück spielt die Liebe, oft im Verbund mit dem Ausleben von Begehren und Sexualität, eine wesentliche Rolle, die den Lebensplan vieler Menschen über eine lange Phase ihres Lebens bestimmt.

Dass Menschen, um ihr Glück zu finden, nach dem einen oder anderen Mittel oder »Rezept« suchen, ist also nachvollziehbar. Und genau hier knüpft die Glücksindustrie mit ihren vielfältigen Angeboten an – und diesem Umstand verdankt sie ihren Erfolg. Und manches daran mag durchaus sinnvoll sein. Zum Beispiel, sich auf der Glückssuche weniger auf seine Schwächen als auf seine Stärken zu konzentrieren. Sich zu bestätigen, wie man ist, statt sich ständig selbst zu hinterfragen. Sich trotz manchmal widriger Umstände wertvoll zu fühlen. Auch Achtsamkeit im Umgang mit sich selbst und Selbstfürsorge können durchaus zu einem besseren Lebensgefühl beitragen und Stress abbauen. Hinzu kommt der vielfach nachgewiesene Zusammenhang von Gesundheit und einem sinnerfüllten Leben, dem Gefühl, mit sich eins zu sein. Diesem »Kohärenzgefühl« widmet sich bis heute eine ganze psychologisch-medizinische Fachrichtung, die »Salutogenese«, und dies, ohne mit einem Glücksversprechen auszukommen.[3]

Das eigentliche Problem entsteht immer dann, wenn Glück, wie von der Wohlfühlindustrie in der Werbung und in den sozialen Medien pausenlos beschworen, zur *Norm* wird, an der sich jede und jeder zu messen hat, zu einem angestrebten *Normalzustand*, zum ewigen »Don't worry, be happy«: »Vergiss deine Sorgen und *sei* glücklich!« Dann wird die Glückssuche zum *Befehl*, oder, wie es die Autorin Juliane Marie Schreiber in ihrem Buch *Ich möchte lieber nicht* formuliert, zum »Terror des Positiven«.[4] Das Glück wird zum Zwang, und mit ihm sollen möglichst alle negativen Gefühle verschwinden. Das zur Norm erhobene »Smile or die«, Titel des gleichnamigen Buches der Journalistin Barbara Ehrenreich,[5] in dem sie mit der »Positiven Psychologie« abrechnet, überträgt sich über die Erwachsenen aber auch auf die Kinder und Jugendlichen, besonders dann, wenn ihre Eltern diese Devise, oft unausgesprochen, für sich als Erziehungsgrundsatz geltend machen.

»Lach oder stirb« – was aber ist mit denen, die dieses Glücksversprechen für sich nicht ständig einlösen können oder wollen? Für die Melancholie, Trauer oder vorübergehendes Unglück ebenso zum Leben gehören wie Freude und Glück?

Auf der Jagd nach dem kindlichen Glück

Dafür, dass es ihrem Kind möglichst immer gutgeht, tun Eltern nahezu alles. Das wissen auch diejenigen, die kindliches Glück um jeden Preis vermarkten wollen, wie zum Beispiel die Momfluencerinnen, die ihren Usern, meistens Müttern, empfehlen, wie ihr Kind glücklich wird – ein Riesengeschäft, auf das zunehmend auch Verlage zurückgreifen.

Ebenso machen sich die Werbeblöcke im Kinderfernsehen oder in den sozialen Medien auf die Jagd nach dem kindlichen Glück. Mit ihrem Versprechen, dass es den Kindern gutgeht und sie glücklich sind, verfahren diese Spots nach demselben Muster wie bei den Erwachsenen. Das reicht von Süßigkeiten und einem glückbringenden Müsli bis zur Puppe, die mit dem Kind sprechen kann, wann immer es dazu Lust hast, vom schillernden Einhorn über die erste Spielkonsole und das erste Handy bis hin zum passenden Outfit zum Schulbeginn. Hinzu kommen entsprechende Freizeitangebote, Yogakurse schon für die Kleinsten, Wellnessangebote, die für kindliche Entspannung sorgen, Besuche im Vergnügungspark.

Darüber, dass Kinder sich freuen, wenn sie etwas geschenkt bekommen, bräuchte man eigentlich kein Wort verlieren. Im Gegenteil, Kinder fühlen sich auf diese Weise von ihren Eltern wahrgenommen, gehört und geliebt. Wobei ihnen, wie etliche Untersuchungen gezeigt haben, echte Zuwendung und das familiäre Glück, aber auch die Freude, die sie im sozialen Austausch mit Freundinnen und

Freunden erleben, immer noch sehr viel mehr bedeuten als Reichtum an Geschenken oder vollgestopfte Kinderzimmer.

Das eigentliche Problem beginnt da, wo kindlicher Konsum zum Zwang wird und das Glück damit käuflich. Jüngere Kinder können sich dem mit ihrer ihnen eigenen Unverstelltheit und Spontaneität noch häufig entziehen. Sie legen ein neues Geschenk schnell beiseite, oft zum Schrecken von Eltern oder Verwandten. Sie langweilen sich im Vergnügungspark und wollen zusammen mit ihren Eltern lieber selbst etwas unternehmen, als es nur vorgesetzt zu bekommen. Sie wollen lieber basteln und malen und benutzen dafür alles, was ihnen gerade in den Sinn kommt. Sie wollen mit ihren Eltern die Umgebung erkunden, an einer Baustelle haltmachen, dem Kran oder Bagger zusehen, Tiere beobachten, mit dem Vater oder der Mutter um die Wette rennen, lachen und in Pfützen treten.

Aber mit zunehmendem Alter und immer stärkerer Verinnerlichung gesellschaftlicher Normen ändert sich das. Sich dem Konsum nach der Devise des »Lach oder stirb« zu entziehen, wird auch für Kinder immer schwieriger, der Erwartungsdruck an sie, glücklich und zufrieden zu sein, den sie oft auch bei ihren Eltern wahrnehmen, wird stärker. Aus der anfangs noch spontan geprägten Verweigerung, sich immer nur glücklich zu fühlen, wird zunehmend die *Verstellung*. Sie betrifft besonders Jugendliche, die über die sozialen Medien unter die Räder des Glücksdiktats geraten und ihm dadurch gerecht werden wollen, dass sie glauben, unter Gleichaltrigen immer so tun zu müssen, »super drauf« oder mit sich und der Welt zufrieden und glücklich zu sein. Unglücklich zu sein wird dann zur Last, die verleugnet, vor anderen bestritten und häufig mit Konsumverhalten kompensiert wird, womit sich der Kreis schließt.

Auch wenn sie doch »alles haben«, wirken ältere Kinder und Jugendliche dann oft wie verloren zwischen dem Anspruch, »happy«

zu sein, und sich elend und unerwünscht vorzukommen, wenn dies nicht der Fall ist. Das an den Konsum gekoppelte Glücksversprechen läuft bei ihnen ins Leere, insbesondere, wenn weitere Ansprüche an sie dazukommen, die sie, oft mit sich allein gelassen, nicht erfüllen können. Häufig fühlen sie sich dann selbst schuldig, nicht zu denen zu gehören, die zumindest den Anschein erwecken, immer glücklich zu sein. Sie, die auf der Jagd nach dem kindlichen Glück nicht mithalten können, fühlen sich dann als Versager und Außenseiter.

Selbstverschuldetes Unglück

Das Glücksdiktat in unserer Gesellschaft, das uns »Positives Denken« und mit ihm eine ganze »Glücksindustrie« nahebringen soll, dieses buntschillernde Angebot in sämtlichen gesellschaftlichen Bereichen, das sich erfüllt, wenn man nur zugreift, bringt eine weitere bedenkliche Kehrseite mit sich. Denn wenn das Glück durch die richtige Lebenseinstellung, durch Konsum, Coaching oder therapeutische Praktiken zu bekommen ist, dann ist bei seinem Ausbleiben am Ende derjenige schuld, der es nicht für sich findet. Man *könnte* es ja finden, wenn man nur wollte! »Reiß dich mal zusammen«, »Streng dich doch mal an, glücklich zu werden« lautet der oft unausgesprochene Imperativ. Nicht mehr länger sollen es die äußeren Umstände sein, die Glück und ein gutes Leben erschweren oder verhindern, sondern der Fehler liegt bei einem selbst.

»Jeder ist seines Glückes Schmied«, lautet die Parole, die sich mit einer Ideologie trifft, welche den inneren Zustand eines Menschen weniger mit äußeren Umständen wie Armut, Arbeitslosigkeit, Überforderung, Krankheit oder fehlender Unterstützung in Zusammenhang bringt als mit der Unfähigkeit, das Glück, das doch buchstäblich auf der Straße liegt, für sich zu finden. Denn

Glück ist machbar, auch unter ungünstigen Umständen, wie uns Werbung oder Influencerinnen von allen Seiten versuchen einzureden, wenn nur die dazu nötigen Utensilien zur Verfügung stehen: ein passendes Outfit, gesunde Nahrung oder ein entsprechendes Fitness- oder Selbstoptimierungsprogramm. Auf diese Weise wird Unglück im Blick der anderen zum Stigma oder gar zur Krankheit, die auf andere ansteckend wirken kann. Und für die Betroffenen wird ihr unglücklicher Zustand zu einer Quelle von Scham und zum Ausschlusskriterium aus der Gesellschaft der Glücklichen.

Und noch eine weitere Konsequenz stellt sich ein, denn die »Obsession mit dem Positiven führt dazu, dass uns ein genaues Ausdrucksvermögen des inneren Leidens abhandenkommt. Wir leiden unter der Prämisse, dass alles gut sein muss.«[6] Unglücklichsein macht sprachlos.

Dies gilt insbesondere für jüngere Kinder, die einem übertriebenen Glücksanspruch ihrer Eltern hilflos ausgesetzt sind, weil ihnen die Mittel und Ausdrucksformen fehlen, sich gegen diesen überhöhten Anspruch zu wehren. Was Jahre später auch auf viele Jugendliche zutrifft, die sich dem Glücksdiktat ihrer Peergroup nur unterordnen, um sich von ihr angenommen und akzeptiert zu fühlen. Das Gefühl, unglücklich zu sein, ihr Unvermögen, glücklich zu sein, schreiben sie dann sich selbst zu und verschweigen es lieber vor anderen.

Das Schweigen des unglücklichen Kindes

Eltern sind bestrebt, nur das Beste für ihr Kind zu wollen und Schaden von ihm abzuwenden. Sie riskieren ihr eigenes Leben, wenn das Kind in einen Fluss fällt. Sie beschützen ihr Kind, wenn man es angreift oder ihm absichtlich wehtut. Sie bleiben eine ganze Nacht wach, wenn Jugendliche nicht wie verabredet nachts rechtzeitig nach Hause kommen. Wenn es um die Gesundheit eines Kindes, um die Abwendung von Gefahren oder das Kindeswohl überhaupt geht, ist diese Haltung nicht nur nachvollziehbar, sondern geradezu zwingend.

Unglücklich zu sein, ist jedoch etwas ganz anderes, als sich als Kind in eine Situation zu begeben, die ihm schaden könnte. Und dennoch versuchen viele Eltern, diesem Gefühl bei ihren Kindern zuvorzukommen und es abzuwenden. Auch deswegen, weil sich die unglückliche Stimmung ihres Kindes auf sie selbst überträgt. Sie identifizieren sich so stark mit ihrem unglücklichen Kind, dass sie selbst vor lauter Kummer auch das eigene Leben als Unglück empfinden. Sie fühlen sich geradezu als Teil ihres unglücklichen Kindes, weil ihnen die notwendige Distanz fehlt, sich von ihm abzugrenzen. Auf diese Weise aber schaden sie seinem Streben nach Autonomie.

Elterliche Ängste, ihr Kind traurig und unglücklich zu sehen, kann die gesamte häusliche Atmosphäre prägen, in der das Kind aufwächst. Oft resultiert daraus ein Erziehungsstil, der dem Kind sofort zur Hilfe eilt, wenn es sich spürbar nicht wohl fühlt, es überbehütet und ihm so die eigene Initiative raubt, von selbst aus seinem Unglücklichsein wieder herauszufinden.

Ein weiter Grund dafür, dass sich Eltern wegen ihres unglücklichen Kindes unglücklich fühlen, besteht darin, sich selbst dafür die Schuld zu geben, dass es ihrem Kind nicht so gutgeht wie gewünscht. Diese Haltung, zwischen Ohnmacht und Hilflosigkeit schwankend, spüren Kinder ganz genau. Um ihren Eltern nicht die Freude am Leben zu rauben, vermeiden es Kinder häufig, von ihrem Unglück zu erzählen oder zuzugeben, dass sie traurig sind und sich nicht wohlfühlen. Lieber schweigen sie dann.

2. Kapitel

Glückliches Kind – glückliche Eltern!

Vom Wert des glücklichen Kindes

Das Glücksdiktat in unserer Gesellschaft führt dazu, dass Eltern ihre Kinder am liebsten immer glücklich erleben wollen. Was selbstverständlich ist, nämlich sein Kind am liebsten glücklich zu sehen, wird, wie ich im letzten Kapitel ausgeführt habe, zu einer Norm, an der sich nun auch der *Wert* des Kindes orientiert. Entsprechen Kinder der Normvorstellung eines glücklichen und zufriedenen Kindes, erleben sich auch ihre Eltern glücklich. Sie finden für sich Anerkennung und die Bestätigung, alles richtig gemacht zu haben.

Der Wunsch nach einem glücklichen Kind ist also auch für Eltern nicht immer ganz selbstlos und uneigennützig. Unausgesprochen hat er auch damit zu tun, dass ein zumindest äußerlich glücklich wirkendes Kind den Eltern in unserer Gesellschaft ein gewisses Prestige verschafft. Ob auf dem Spielplatz anderen Eltern gegenüber, die betonen, welch tolles Kind man hat, oder in Kita und Schule, wenn Erzieherinnen und Lehrerinnen im Elterngespräch betonen, welch guten Eindruck das Kind bei ihnen hinterlässt – keine Probleme, keine Schwierigkeiten, »alles gut«. Geht es ihrem Kind jedoch nicht so gut wie gewünscht und macht es auf andere einen eher unglücklichen Eindruck, fühlen sich Eltern unsicher, an sie gerichtete Erwartungen nicht vollständig entsprochen zu haben. Hat es vielleicht mit ihnen zu tun, dass ihr Kind nicht so gut aufgestellt ist wie andere? Könnte sogar seine Zukunft gefährdet sein, wenn es dem Glücksanspruch, der von allen Seiten an es gestellt wird, nicht gerecht werden kann? Ein Anspruch, der, wie wir noch sehen werden, stark mit der Hoffnung auf sozialen und materiellen Erfolg verknüpft ist.

Eltern sind jedoch auch deswegen stolz auf ihr glückliches Kind, weil es für sie weniger Probleme mit sich bringt, weil es ihnen Anerkennung verschafft und sie es als Produkt einer gelungenen Erziehung »verkaufen« können, die sie sich selbst zuschreiben. Für ein unglückliches Kind aber schämen sie sich – vor anderen Eltern, vor Verwandten, Freunden und Bekannten, weil es häufig ihrem eigenen Unvermögen zugerechnet wird, ihr Kind glücklich zu machen.

Umgekehrt wollen aber auch die Kinder, dass ihre Eltern glücklich sind! Schnell merken sie, dass sie mit glücklichen Eltern besser klarkommen, dass sie bei ihnen mehr Anerkennung und Bestätigung finden als ein kleiner Unglücksrabe oder ein hässliches Entlein, dem vieles misslingt und das darüber unglücklich und traurig wird. Auch dann fangen Kinder an, sich zu *verstellen.*

Die Oma fragt: »Wie ist es bei euch denn zu Hause?« Und das Kind antwortet: »Gut«, obwohl es weiß, dass seine Eltern sich trennen wollen. Eltern fragen ihre Kinder, wenn sie von der Kita oder Schule nach Hause kommen, wie es denn heute war, und nahezu *alle Kinder* antworten: »Gut«, um dann schnell zur Tagesordnung überzugehen. Sie bringen ihren Rucksack in ihr Zimmer, stehen schnell vom Essen auf oder wenden sich sonstigen Beschäftigungen zu. Das es »gut« war, mag häufig zutreffen. Kinder und Jugendliche antworten aber auch mit einem »gut«, wenn es in der Kita oder Schule *gar nicht gut* war. Sie sind sehr loyale Wesen, besonders ihren Eltern gegenüber. Kinder wollen immer, dass es ihren Eltern gutgeht, weil ihr eigenes Schicksal zu eng mit dem ihren verbunden ist.

Ebenso verteidigen sie ihre Eltern mit allen Kräften, wenn sie mitbekommen, dass andere über sie schlecht reden. So tun sie alles, um ihren Eltern möglichst jedes Unglück zu ersparen. Es ist rührend zu erleben, wie sie versuchen, ihre Eltern aufzumuntern, wenn sie krank sind, traurig oder unglücklich. Wie sie ihnen helfen möchten, wieder auf die Beine zu kommen, wenn sie müde, matt und erledigt sind. Wenn sie Sorgen haben und ihre Kinder sie trösten wollen. Sie tun es aus echtem Mitgefühl und ganz ohne Berechnung heraus, aber sie wissen auch, dass es ihnen in einer unglücklichen und angespannten Atmosphäre selbst nicht gutgeht.

Kinder wollen ihren Eltern keinen Kummer bereiten. Häufig nehmen sie die Schuld, unglücklich zu sein, lieber auf sich: »Wenn ich in der Schule gemobbt werde, liegt das nur an mir, weil ich mich so schlecht wehren kann.« Oder: »Die anderen Kinder in der Kita weinen nicht so viel, und keine macht sich noch so häufig in die Hose wie ich.«

Kinder schämen sich oft dafür, unglücklich zu sein, weil sie sich häufig mit anderen Kindern vergleichen, eine Haltung, die sie sich bei den Erwachsenen abgeguckt haben. Sie leiden selbst unter dem Glücksdiktat, dem sie überall, häufig auch vonseiten ihrer Eltern, begegnen: »Freust du dich denn gar nicht«, hört das unglückliche Kind und sagt: »Doch, ich freue mich.«

Besonders kleine Kinder sind der Erwartungshaltung der Erwachsenen hilflos ausgeliefert. Die sind groß und stark und wissen alles – was sie denken, zählt! Und wenn ihre Eltern sie immer und überall glücklich haben wollen, um auch selbst glücklich zu sein, wollen sie auch glücklich sein, selbst dann, wenn sie es gar nicht sind. Sie wollen, dass ihre Eltern glücklich sind, denn sie sind, selbst als Jugendliche, von ihnen und ihren Stimmungen abhängig. In einer niedergedrückten und traurigen Umgebung lebt es sich nicht gut. Jugendliche versuchen dann, wann immer es möglich ist, dieser Atmosphäre zu entfliehen, jüngeren Kindern bietet sich diese Chance weniger. Also kämpfen sie unentwegt, dass ihre Eltern das Glück wiederfinden, um davon auch für sich zu profitieren.

Kindliches Glück als Erfolgsstrategie

Der überhöhte Glücksanspruch von Eltern an ihre Kinder resultiert also aus einem Umfeld, in dem Glück zu einem gängigen Ideal geworden ist. Glück ist machbar, man muss es nur wollen, so die Botschaft. Oft ist unklar, welches Glück damit gemeint ist. Sicherlich nicht der flüchtige Moment, den nahezu alle Kinder kennen, wenn sie ihr Glückgefühl, das sie oft noch gar nicht in Worte fassen können, so angenehm durchströmt. Wir kommen auf diese Form kindlichen Glücks und was es für ein Kind bedeutet im nächsten Kapitel noch einmal ausführlich zurück. Und werden sehen, wie es sich gänzlich von dem Glück unterscheidet, das zu einer gesellschaftlichen Norm wurde, an der sich das Kind messen soll. Denn wenn es um das normierte Glück geht, spielen plötzlich noch ganz andere Überlegungen hinein, die über den glücklichen Augenblick hinaus das kindliche Glück als eine wertvolle *Ressource für Effizienz und Leistung* werden lassen.

Kindliches Unglück genießt also nicht nur deshalb einen schlechten Ruf, weil es auf die Erziehung der Eltern zurückfällt und sie beschämt, sondern auch, weil es womöglich dem Können und der Effizienz des Kindes im Wege steht. »Aus einem Unglückswurm wird nichts«, könnte man diese Haltung umgangssprachlich zusammenfassen. Was die »Positive Psychologie« zu einer so wirkungsmächtigen Wissenschaft hat werden lassen, ist nicht nur ihr Versprechen, dass es glückliche Menschen im Leben leichter haben, was eine Selbstverständlichkeit ist, sondern dass es sie auch *besser* dastehen lässt als andere, ob im Beruf oder auf Partnerschaftssuche. Glück wird zu einem Garanten für Anerkennung und *Erfolg* im Leben zu haben.

Wenn die Influencerin dieses oder jenes Outfit anpreist, sorgt sie im wörtlichen Sinn dafür, von anderen gesehen und nicht übersehen zu werden. Wenn mir der Coach ein glückliches Leben verspricht, dann auch, damit ich in meinem Arbeitsumfeld gut dastehe und in Konkurrenz zu anderen besser abschneide. Glück verspricht Erfolg und Erfolg wiederum Glück, so lautet die einfache, sich selbst bestätigende Formel, mit der sich Millionen verdienen lassen. Eine Formel, die, wie jeder und jede von sich weiß, nicht völlig aus der Luft gegriffen ist.

Übertragen auf die Jahre der Kindheit verspricht das Glück des Kindes also nicht nur seinen Erfolg im Hier und Jetzt, sondern auch später, wenn es ihn in Schule und Beruf haben soll. Dann ist dieser Erfolg, so will es eine in unserer Gesellschaft weitverbreitete Annahme, weniger abhängig von gesellschaftlichen Einrichtungen, etwa solchen, die die Bildungschancen für alle verbessern oder Kinderarmut verhindern sollen, sondern von dem Bemühen, sich mithilfe seiner Eltern dieses Glück selbst erarbeitet zu haben. Schon als Kind eine Menge Glück einzusammeln wird so zur besten Voraussetzung dafür, es später in seinem Leben einmal »zu etwas zu bringen«.

Schule und Elternglück

Eine wesentliche Rolle, ihre Kinder glücklich zu machen, spielt für viele Eltern deren Erfolg in der Schule. Oft identifizieren sie sich mit deren Schulleistungen und fühlen sich, worauf die Erziehungswissenschaftlerin Margrit Stamm in ihrem Buch *Angepasst, streb-*

sam, unglücklich hinweist, *selbst* entsprechend gut oder schlecht. Der Hauptgrund sei »ein einfacher: Damit Eltern als gute Eltern gelten, muss das Kind Erfolg haben, und dieser wird dadurch zum Erfolg der Eltern.«[7] Werden Schulerfolg und Glückserfahrung so zusammengedacht, im Extremfall sogar gleichgesetzt, übertragen sich auch solche Wunschvorstellungen der Eltern auf die ihrer Kinder.

Dass Kinder und Jugendliche sich über gute Noten in der Schule freuen, ist ebenso einsichtig wie, dass schulischer Misserfolg unglücklich machen kann. Anders ist es, wenn nur noch der Schulerfolg dazu dient, dass sich beide, Eltern und ihre Kinder, glücklich fühlen. Aber mit dieser Hypothek machen sich viele Kinder und Jugendliche auf ihren Schulweg. Und ihre Eltern unternehmen alles, damit sich der Schulerfolg bei ihren Kindern auch entsprechend einstellt. Sie glauben fest daran, dass gute Noten nicht nur der Schlüssel zum Erfolg, sondern auch zum Glück ihrer Kinder sind. Dass eben beides zusammengehört. Die daraus resultierende Forderung an ihre Kinder, ihr Leistungspotenzial möglichst immer und umfassend abzurufen und auszuschöpfen, führt aber bei vielen Kindern und Jugendlichen dazu, sich überhaupt nicht glücklich zu fühlen, sondern ständig überwacht und überfordert. Daraus entstanden sei, so Margrit Stamm, eine »Optimierungskultur, welche *Überleistung* (Herv. von mir, CK) zu einem gesellschaftlichen Mandat macht«.[8] Das Problem sei nicht, dass Kinder und Jugendliche gerne lernen und sich dafür auch gerne belohnt sehen, sondern dass sie ständig von ihren Eltern angehalten werden, mit Blick auf ihre Schulleistung immer und überall und unabhängig davon, wie sie sich gerade fühlen, möglichst *effizient* zu sein.

Kinder, die in der Schule optimale Leistungen erbringen, sind aber keineswegs automatisch auch glücklich. In der Schule Bestätigung zu finden mag dazu beitragen, dass sich ein Kind wohl und manchmal auch glücklich fühlt, wenn es gute Noten mit nach Hause bringt und so auch seine Eltern glücklich macht. Nicht ständig gute Noten zu haben bedeutet umgekehrt aber auch nicht, sich ständig unglücklich zu fühlen. Machen jedoch Eltern den Schulerfolg ihrer Kinder zur Voraussetzung dafür, dass sich ihr Kind von ihnen angenommen fühlt, fühlen sich Kinder, die diesbezüglich scheitern, extrem unglücklich. Zum einen werden sie den Wünschen und Vorstellungen ihrer Eltern nicht gerecht, was sie, zumindest, wenn sie jünger sind, unbedingt wollen, zum anderen machen sie sich zunehmend für ihr Scheitern selbst verantwortlich und entwickeln entsprechende Schuldgefühle. Nach und nach sehen sie sich als »Loser«, nicht nur, weil sie nichts auf die Reihe bringen, was häufig mit Schulerfolg gleichgesetzt wird, sondern auch, weil sie einem übermäßigen Anspruch an sie nicht gerecht werden.

Obwohl Schulerfolg und Glück also keinesfalls dasselbe bedeuten, messen Kinder ihr Glück immer auch daran, dem Anspruch ihrer Eltern zu genügen, die für sie, wie sie ihnen versichern, doch nur das Beste wollen. Läuft es für sie in der Schule nicht gut, fühlen sie sich schnell als Versager. Zunehmend empfinden sie sich nicht mehr als wertvoll und anerkannt, verlieren ihr Selbstvertrauen und spüren schmerzhaft, dass sich ihr Wert auch bei den eigenen Eltern an Kriterien orientiert, denen sie offensichtlich nicht gerecht werden können. Manche Kinder und Jugendliche stürzt dieses Gefühl in tiefe Verzweiflung bis hin zu Suizidgedanken. Der Anspruch ihrer Eltern, ihr Glück am Schulerfolg zu messen, hat sie extrem unglücklich werden lassen. Jugendliche, die sich im Gegensatz zu Kindern gegenüber ungerechten Ansprüchen an sie besser wehren können, beschließen dann oft, dieser übertriebenen Erwartungshaltung zu entfliehen und ihr Glück, in welcher Form auch immer, auf anderen Feldern zu suchen als im Leistungsanspruch ihrer Eltern und Schule.

Sich Gedanken und Sorgen darüber zu machen, dass aus ihren Kindern später etwas wird, ist nachvollziehbar und für viele Eltern selbstverständlich. Das Problem entsteht dort, wo erbrachte Leistung als Voraussetzung von Glück und für Elternliebe gesehen wird. Was als die beste Erziehung für unsere Kinder erscheint, hat in solchem Fall, so der Arzt und Erziehungsexperte Herbert Renz-Polster in seinem Buch *Die Kindheit ist unantastbar*, »nur wenig mit den Kindern zu tun, *wie sie sind*. Es hat vielmehr damit zu tun, *für was sie einmal gebraucht werden*.«[9]

Gekauftes Glück

Da Eltern häufig die Erfahrung machen, es offensichtlich nicht immer selbst hinzubekommen, dass ihr Kind glücklich ist, tut sich ein unendlicher Markt an Ratgebern vor ihnen auf, warum und auf welchem Weg ihr Kind glücklich werden kann.

Jungen! Wie sie glücklich heranwachsen oder *Das Geheimnis glücklicher Kinder* des Autors Stephen Biddulph wurden Vorreiter und Bestseller dieses Genres und werden bis heute in unzähliger Zahl unter ähnlich vielversprechenden Titeln von den Verlagen immer wieder veröffentlicht. Es ist nicht so, dass manche dieser Bücher Eltern, die sich unsicher sind, ihre Kinder »richtig« zu erziehen, nicht weiterhelfen würden. Aber eine richtige oder falsche Erziehung gibt es nicht. *Jedes Kind ist anders, jede Eltern-Kind-Beziehung einzigartig*. Sie gestaltet sich von jedem Tag an neu, immer kommt etwas Unvorhergesehenes dazu, glückliche und unglückliche Phasen wechseln sich im Leben der Kinder wie auch der Eltern ab, und wie viele Angebote es auch immer geben mag, sich versprochenes Glück einzukaufen, zur Alltagserfahrung von Kindern und Eltern gehören ebenso Enttäuschung und das Gefühl, unglücklich zu sein. Glück ist nicht käuflich – weder durch

Leistung und Konsum noch durch eine Idealvorstellung von Erziehung, die Kinder mit ihren ganz unterschiedlichen Voraussetzungen gleichmacht und an der die meisten Eltern sowieso scheitern müssen. Und dennoch erweist sich das Glück als Erziehungsziel »als ausgesprochen resilient«.[10] Denn neben Trost und Hoffnung vermittelt es denen, die es in ihrer Kindheit erfahren, auch ein Gefühl von Überlegenheit und Macht. Im Anspruch an die Eltern, ihr Kind glücklich zu machen, findet auch dieser Gedanke in der Erziehung oft seinen Platz. Werden zum Beispiel Glück, Erfolg und Leistung zusammengedacht, dann gibt man viel Geld dafür aus, dass die Leistung auch stimmt. Dann bestimmen Nachhilfestunden den Alltag des Kindes und Jugendlichen ebenso wie Leistungssport oder Freizeitaktivitäten, die nicht nur zum Vergnügen oder zur Freude des Kindes gedacht sind. Ebenso geht es um eine passende Ausstattung, die nach außen signalisiert, dass man alles für sein Kind tut. Pech für die, die sie sich nicht leisten können. Auch so lassen sich Grenzen zwischen glücklichen und unglücklichen Kindern ziehen.

Gibt es eine Erziehung zum Glück?

Alle Kinder machen in ihrem Leben schon früh die Erfahrung, sich nicht nur glücklich, sondern auch unglücklich zu fühlen. Der Säugling fängt an zu weinen, wenn er sich nicht genügend geborgen und sicher fühlt. Das Kleinkind bekommt es mit der Angst zu tun, wenn es abends dunkel in seinem Zimmer wird und es nicht einschlafen kann, und es fühlt sich unglücklich, wenn niemand da ist, der ihm beisteht. Kinder fühlen sich einsam und zurückgelassen, wenn ihre Eltern nicht in der Nähe sind, wenn Monster unter ihrem Bett lauern, es hinter dem Vorhang raschelt oder die Dielen vor ihrem Zimmer knarren. Ängste zu haben und unglücklich zu sein, weil Eltern nicht immer zur Stelle sein können, wo das Kind es doch so sehnlichst erwartet, gehören zu jedem Kinderleben. Der Grund besteht in der langen Hilflosigkeit und Abhängigkeit der Kinder von uns Erwachsenen. Aber nicht immer können wir dem Anspruch des Kindes genügen, immer dann zur Stelle zu sein, wenn es uns braucht. Erst recht nicht, wenn es älter wird und immer häufiger ohne uns auskommen muss.

Wenn Eltern aus dem Hamsterrad der Glückversprechen heraustreten wollen, hilft die Überzeugung, dass man ein Kind nicht immer glücklich machen kann. Natürlich kann Erziehung Bedingungen dafür schaffen, dass sich dem Kind in seinem Leben immer wieder das Gefühl einstellt, glücklich zu sein. Eltern können ihm dieses Gefühl aber nicht verordnen, sie können es ihm nicht aufzwingen. Das Kind muss diese Erfahrung, je älter und selbständiger es wird, *für sich selbst* machen. Der bereits zitierte Familienexperte Renz-Polster drückt es so aus: »Es braucht den Mut des Kindes, sich mit *eigenen Erfahrungen* zu versorgen und sich der Welt auszusetzen – im eigenen Tempo, auf eigene Art und aus eigener Motivation. Dieses Sich-Aussetzen ist eigentlich der magische Kern der Kindheit.«[11]

In der Erziehung geht es nicht nur darum, sein Kind glücklich zu machen, sondern auch, das Unglück des Kindes nicht zu übersehen, auf seine Zeichen zu achten, ohne es sofort wegreden zu wollen. *Ein Kind muss, um glücklich zu sein, nicht immer glücklich sein.* Es muss lernen, sein Glück selbst zu finden. Auf seine Art, ohne dass seine Eltern ihm immer einreden wollen, wie »man« glücklich wird. Seine Einzigartigkeit und Besonderheiten zu respektieren ist eine der Voraussetzungen, die Eltern dafür schaffen können, ihr Kind glücklich zu machen. Dazu gehört, seinen grundlegenden Bedürfnissen nach Schutz, Geborgenheit und Anerkennung nachzukommen, unabhängig davon, ob es sich gerade glücklich oder unglücklich fühlt. Mehr aber kann Erziehung zum Glück nicht leisten, als die Grundlagen dafür zu schaffen, dass jedes Kind auf seine Weise in seinem Leben glücklich wird. Der Respekt vor einem Kind gebietet es, ihm auch später, wenn es erwachsen geworden ist, seine eigene Vorstellung vom Glück zu lassen. Wir, die Erwachsenen, sind nicht unser Kind. Und unser Kind ist nicht der Erfüllungsgehilfe für das, was wir als Eltern von ihm verlangen, um glücklich zu sein. Das Glück eines jeden und einer jeden ist einzigartig, und es scheut den Vergleich mit dem Glück anderer.

3. Kapitel

Glücksmomente der Erwachsenen und des Kindes

Das Glück der Erwachsenen

Nachdem wir uns bis jetzt mit der Hyperkommerzialisierung des Glücks, ihren Folgen und dem Zwang zum »Du-musst-glücklich-sein-Glück« beschäftigt haben, soll es in diesem Kapitel darum gehen, was Glück im Eigentlichen bedeutet, ohne mit Leistung und Erfolg gleichgesetzt zu werden – zunächst für die Erwachsenen und dann für die Kinder. Dazu ist es notwendig, das Glück von seiner Käuflichkeit und dem Konsum dienenden Zuschreibungen zu befreien.

Glück ist ein schillernder Begriff, dem viele auslösende Situationen und Bedeutungen zugeordnet werden können.

In der Alltagssprache geht es dabei oft um ein eher zufälliges Geschehen, das einem ohne eigenes Zutun zuteilwird. Ein solch glücklicher »Zufall« ereignet sich mehr oder weniger unvorhergesehen, weswegen ihm immer auch ein Überraschungsmoment innewohnt: bei einer Lotterie ein Glückslos zu erwischen; in einer Großstadt als Studierende ein günstiges Zimmer zu bekommen; den Bus nicht zu verpassen, da er selbst verspätet ankam; bei einem Autounfall unverletzt zu bleiben. »Da habe ich aber Glück gehabt«, sagen wir uns oder nennen es Glück im Unglück, oft begleitet von einem erleichternden Seufzer, denn es hätte ja auch anders kommen können – nämlich Pech gehabt zu haben. Glück oder Pech markieren auf diese Weise ein eher zufälliges, vielleicht erhofftes, aber auch unerwartetes Geschehen. Die Freude, die solches Glück begleitet, ist spontan und eher kurzlebig, ebenso wie der Ärger, einmal Pech gehabt zu haben.

Glück kann für die Erwachsenen aber auch bedeuten, einem Ereignis *im Nachhinein* eine besondere Bedeutung zu verleihen. Ein Treffen mit jemandem stellt sich erst später als großes Glück heraus, weil ich von ihm oder ihr den Tipp bekam, mich um diese oder jene Stelle zu bewerben, was dann auch geklappt hat. »Welch ein Glück, dich damals getroffen zu haben.« Noch größeres Glück findet derjenige, der einer zufälligen Bekanntschaft später eine glückliche Liebesbeziehung verdankt.

Anders als solcherart Zufallsglück ist das persönliche Glücksempfinden, das in tiefere Schichten unseres Bewusstseins eindringt und uns ganzheitlich erfüllt. Oft lässt es sich nur schwer auf den Begriff bringen, und es fehlen uns die Worte, es anderen gegenüber ausdrücken zu können. Das Gefühl, glücklich zu sein, spielt sich ganz in unserem Innern ab, gehört nur zu uns, und wir wollen unser Glück, wenn wir es verschweigen, oft gar nicht aus seinem Schutzraum herausgeben. Manchmal schämen wir uns sogar, dieses Glück anderen mitzuteilen. Wir haben Angst, uns mit unserem Glücksempfinden ihnen gegenüber verletzlich zu machen, vielleicht sogar verspottet oder schief angesehen zu werden. Was merkwürdig ist in einer Welt, in der uns das Glück doch ständig und von allen Seiten versprochen und aufgedrängt wird. Solch tief empfundenes Glück hat mit dem Glückversprechen oder Glücksdiktat in unserer Gesellschaft nichts zu tun. Es hält oft nur für den Moment, es ist flüchtig und zerbrechlich, obwohl wir es doch gerne länger festhalten möchten. Erst im Nachhinein können wir es manchmal mit unseren eigenen Worten ausdrücken oder in intimen Momenten, in denen das Glücksempfinden so stark ist, dass wir uns trauen, es einem oder einer anderen mitzuteilen.

Beim Erwachsenen kann solches starkes Glückempfinden vielerlei Ursachen haben: sich zu verlieben oder die Erfahrung, dass sich das eigene Glück ebenso in den Augen eines anderen Menschen finden lässt, was man auch als responsives oder sich gegenseitig spiegelndes Glück bezeichnen könnte. Solch tief empfundenes Glück verspüren wir, wenn wir unseren Kindern zusehen, wie sie unbeschwert spielen, wenn es ihnen sichtlich gutgeht und sie ihrer Freude am Leben Ausdruck verleihen. Oder wenn wir wohltuende Hilfe und Unterstützung von anderen Menschen erfahren.

Starkes Glückempfinden kann uns wie ein starker Schmerz zum Weinen bringen. Tränen, die unsere Dankbarkeit bezeugen, dass uns dieses Glück gewährt wurde. Bei dieser Art von Glück spielen Begegnungen mit anderen Menschen eine bedeutende Rolle. Das Glück ist dann in einem sozialen Raum selbstlos gegenseitigen Nehmens und Gebens angesiedelt. Es erfüllt, mit anderen Worten, keinen Zweck, will nicht bewusst auf etwas hinaus.

Glücksempfinden kann auch solitär aus der Erinnerung an einen glücklichen Moment im Leben resultieren. Oft wird es hervorgerufen durch eine Situation, die einmal erlebtes und gelebtes Glück wiederaufleben lässt: anlässlich der Erinnerung an einen Ort, an dem wir das Glück gefunden, einer Landschaft, in der wir uns glücklich gefühlt haben; beim Hören einer Melodie, die damaliges Glücksempfinden begleitet hat. Ebenso können die Lektüre eines Buchs oder die Bilder eines Films solches Glücksempfinden hervorrufen, wenn etwas zur Sprache oder Ansicht gebracht wird, von dem man glaubt, es so oder so ähnlich selbst erlebt zu haben. Besonders die Popmusik zielt darauf ab, eine vergangene oder gegenwärtige Glückserfahrung durch entsprechende Texte erneut zum Klingen zu bringen. Dann vermag eine einzige Textzeile ein Echo glücklicher Gefühle in uns erzeugen.

Uns mit Glück zu erfüllen gelingt auch dann, wenn wir selbst etwas erschaffen, ein Bild, eine Skulptur, einen uns wichtigen Text oder das Bestehen einer schwierigen Prüfung. Solch inneres Glücksempfinden ist dann mehr, als sich nur an etwas zu erfreuen. Wir verspüren das Glück tief in unserem Inneren, ihm haftet etwas Einzigartiges an und es erfüllt uns mit Stolz, ohne es anderen sofort mitteilen zu müssen. In diesem Sinn bedeutet die *Abwesenheit von Glück* nicht automatisch Leid oder Leiden, denn ein Leben im beständigen Flow oder Glücksrausch, wie es uns die Werbung weiszumachen versucht, schließt gerade das tief empfundene und meistens nur in einem kurzen Augenblick aufleuchtende Glücksempfinden aus. Seine Vergänglichkeit macht dieses Glücksempfinden so wertvoll, und dies nicht nur für den Augenblick, in dem wir es empfinden. Später, auch im Alter, kommen wir in unseren Erinnerungen auf dieses Glück manchmal wieder zurück. Ein Musikstück, das wir damals gehört haben, kann es wieder hervorzaubern, oder ein Traum, der uns an die Person erinnert, mit der wir einst dieses Glück erlebt haben. Unser Gehirn merkt sich gerne den Augenblick, der sich tief in unser Gedächtnis eingeschrieben hat: glückliche, aber leider auch unglückliche Momente.

Wie das Glücksempfinden behalten viele Erwachsene auch ihr Unglück gerne für sich. Ein Grund dafür ist die Scham, in einer Gesellschaft, die auf Glück gepolt ist, nicht glücklich zu sein. Erwachsene wissen aber auch, dass die Abwesenheit von Glück, auch wenn wir darüber unglücklich sind, eine neuerliche Glücksempfindung nicht ausschließt.

Vom Glücksdiktat befreit liegt sowohl im Glück wie auch im Unglücklichsein immer etwas Kreatives, beides, auch Letzteres, kann als Signal, zu neuen Ufern aufzubrechen, als befreiend erlebt werden. Nur dann, wenn das Gefühl, unglücklich zu sein, zu lange andauert, wenn wir das Gefühl haben, es nicht mehr loszuwerden, führt es bei uns zum Leiden – an uns selbst und an der Welt. Dann bedarf es oft der Hilfe anderer, wieder aus ihm herauszufinden.

Der Glücksmoment unterscheidet sich demnach vom andauernden Glück durch seine Tiefe und seine nur schwierig zu verortende und nur schwer in Worte zu fassende Glücksempfindung und meint etwas anderes, als ein glückliches Leben zu haben. Denn dieses besteht weniger aus einer ständigen Aneinanderreihung von Glücksmomenten als aus der Empfindung heraus, es in seinem Leben trotz Krisen und Rückschlägen insgesamt gut getroffen zu haben, Glücksmomente inklusive. Im Gegensatz zum *episodischen Glücksempfinden* resultiert dieses Gefühl des Erwachsenen aus der Reflexion eigener Glücksvorstellungen, deren Maßstab von jedem und jeder anders angelegt sein kann.

Kindliches Glück

Erwachsene behalten, wie wir gesehen haben, intensiv empfundenes Glück häufig für sich, aus jüngeren Kindern jedoch sprudelt ihr Glücksempfinden nur so heraus, ohne dass sie es als solches benennen. Noch verfügen sie nicht über die Fähigkeit älterer Kinder und von Jugendlichen oder Erwachsenen, uns ihr Glück sprachlich zu kommunizieren oder es von anderen Gefühlszuständen abzugrenzen. Sie leben es einfach aus.

Dem Säugling fehlen zunächst die Worte, sodass wir als Erwachsene von seinem Verhalten, seinen Gesten und seiner Mimik nicht darauf schließen können, ob er gerade glücklich, zufrieden oder unglücklich ist. Lächelt uns ein Kind in diesem Alter an, ist es gesund, schläft gut, verhält es sich uns gegenüber freundlich zugewandt und fängt an, fröhlich und selbstbewusst seine nächste Umgebung zu erobern, schließen wir aus solchen und vielen anderen Beobachtungen, dass es ihm gutgeht. Ob es sich dabei *glücklich fühlt*, kann uns ein Kind in diesem Alter noch nicht selbst mitteilen. Auch aus unseren eigenen Kindheitserfahrungen heraus können wir darüber nicht urteilen, weil uns unsere Gefühle und Erlebnisse der frühen Kindheit bis zum Alter von etwa drei Jahren verborgen bleiben. Immer wenn wir als Erwachsene anhand von uns mehr oder weniger spontan einleuchtenden Kriterien frühkindliches Glücksempfinden zu beschreiben versuchen, gelingt uns dies also nur *stellvertretend* für das Kind selbst. Oft beziehen sich Eltern auf scheinbar objektive Kriterien aus Büchern, die uns Tipps und Ratschläge dafür geben, wie und wann sich ein Kind in diesem Alter glücklich fühlt.

Aber auch wenn Kinder zu sprechen anfangen und ihre Ausdrucksweise nach und nach immer differenzierter wird, sind sie von ihrer kognitiven Entwicklung noch nicht so weit, uns zu sagen, dass sie sich gerade glücklich fühlen. Noch sind sie viel zu sehr eins mit sich selbst und ihren Gefühlen. Ihr Glücklichsein äußern sie ganzheitlich über alle ihnen zur Verfügung stehenden Mittel, wenn sie vor Vergnügen zappeln und kreischen, fröhlich plappern oder uns mit vor Freude glänzenden Augen anstrahlen. Oft verschmilzt unser eigenes Glücksempfinden mit ihrem, weil es sich so stark auf uns überträgt und unser Glücksempfinden dann umgekehrt auch auf das Kind. Und in dieser Spirale der Glückseligkeit finden Erwachsene und Kinder zueinander und genießen zusammen dieses unausgesprochene und vielleicht auch unaussprechliche Glück.

Das eigene Empfinden als glücklich oder unglücklich zu bezeichnen fällt Kindern lange Zeit schwer, denn dazu bedarf es zum einen des Verständnisses von dem, was die Erwachsenenwelt als glücklich oder unglücklich bezeichnet, und zum anderen der Fähigkeit, aus der Perspektive eines anderen über die eigenen Gefühle zu urteilen, ein hochkomplexes Geschehen, das in Angriff zu nehmen Kindern erst ab einem Alter von etwa sechs Jahren gelingt. Die Entwicklungspsychologie bezeichnet dies als Fähigkeit zu »dezentrieren«, also von den eigenen Gefühlen und Empfindungen so weit Abstand nehmen zu können, dass sie sich und ihre Gefühle auch aus der Perspektive eines anderen sehen und benennen können.

Ein dreijähriges Kind zu fragen, ob es sich auf seinen Geburtstag, auf Weihnachten, über ein Geschenk oder auf einen gemeinsamen Urlaub freut, stellt kein Problem dar, und meistens wird das Kind zustimmen, wenn es in einer liebevollen Atmosphäre aufwächst und schon entsprechend angenehme Erfahrungen mit seinen Eltern oder ihm nahestehenden Menschen gemacht hat. Wenn kleine Kinder sich also auf etwas freuen können und selbst von ihrer Vorfreude erzählen, bildet sich darin erstmals ein uns zugängliches, sprachlich vermitteltes Glücksempfinden ab, auch wenn sie noch nicht in der Lage sind, uns ihre Freude, wenn das von ihnen Ersehnte endlich stattfindet, sprachlich als Glück mitzuteilen. Kinder können sich allein in ihrer Vorstellung von etwas, auf das sie sich freuen, glücklich fühlen.

Glücklich zu sein gelingt Kindern auch im Spiel, wenn sie sich vorstellen, dass die Figur, die sie gerade stellvertretend für sich selbst handeln lassen, sich freut und dabei glücklich ist. Im Spiel und seinen Möglichkeitsräumen ist für sie auch das Glück zu Hause. Aber nur selten ist der Fall, dass ein Kind dann auch von sich aus sagt, es sei glücklich. Überhaupt: Wenn wir als Eltern ein Kind direkt danach fragen, ob es gerade glücklich ist, sagt es, wenn überhaupt, meistens nur pflichtschuldig: »Ja.« Es will uns einfach nicht enttäuschen, weil es weiß, dass auch wir dann glücklich sind und uns über sein Glück freuen. Oder aber das Kind sieht auf den Boden und schweigt. Hinzu kommt: Um anderen sein Glück mitzuteilen, bedarf es immer auch der gegenteiligen Erfahrung, in der einen oder anderen Situation nicht glücklich, also unglücklich gewesen zu sein.

Glücksempfinden in der frühen Kindheit äußert sich meistens *situativ*, äußert sich spontan und vor allem *unverstellt*. Auch fehlt dem Kind für das eigene Glückserleben der Vergleich mit dem Glück anderer, oder es ist ihm noch egal. Der Gedanke, ob das empfundene Glück es überhaupt wert ist, Glück genannt zu werden, kommt in seinem Repertoire ebenso wenig vor wie die Überlegung, ob jemand sich sein Glück überhaupt »verdient« hat. Auch wird das Glücksempfinden eines Kindes noch nicht begleitet vom Zweifel, wie lange sein Glück anhält. In dem Augenblick, in dem sich ein Kind glücklich fühlt, fühlt sich *alles* glücklich an. Selbst in prekären Situationen, zum Beispiel in einem Flüchtlingslager, so berichten Ärzte und Helfer, können bei Kindern im Spiel solche Glücksmomente aufblitzen, und alles andere, Hunger, Gewalt und Kälte, gerät, wenn auch nur für kurze Zeit, ins Vergessen.

Kindliches Glück kennt kein Vorher und kein Nachher. Das Kind bemisst sein Glück nicht nach Kriterien, die in der Vergangenheit liegen oder in der Zukunft. Glück scheint für es zeitlos zu sein, Vergleiche mit äußeren Kriterien, ob es sich wirklich um Glück handelt, finden nicht statt. Kindliches Glück äußert sich immer spontan, will gelebt und ausgelebt werden. Im Gegensatz zu Erwachsenen schämen Kinder sich nicht, glücklich zu sein. Sie messen ihr Glück nicht an äußeren Umständen, fragen sich eben nicht, ob sie es verdient haben. Sie leben es einfach aus. Wenn Dichter und Poeten vom Zauber der Kindheit sprechen, dann meinen sie immer auch dieses Leben eines Kindes im Gegenwärtigen, seine Unverstelltheit und Spontaneität, von einem Moment des Glücks ganz ausgefüllt zu sein, unabhängig davon, was ihn hervorgebracht hat.

Erst mit dem Eintritt ins Schulalter ändert sich wie so vieles auch das Glücksempfinden von Kindern. Nicht nur, weil sie es mit der Zeit sprachlich zum Ausdruck bringen können, was sie von sich aus weiterhin nur selten tun, sondern auch, weil die Definitionsmacht der Erwachsenen hinsichtlich dessen, was Glück bedeutet, in ihren Gedanken immer spürbarer wird. Zum ersten Mal werden Glück, Leistung und Belohnung miteinander verknüpft. Glück will verdient sein – unter den Blicken anderer spürt das Kind, ob es die Bedingungen, die an das Glück geknüpft werden, auch erfüllt. Es ist das Alter, wenn Kinder davon sprechen, dass es ihnen gutgeht, auch wenn es gar nicht stimmt.

Auch Jugendliche kennen dieses spontane, sie ganz ausfüllende Glücksmoment, insbesondere, wenn sie sich das erste Mal verlieben und ihre Liebe erwidert wird. Dann können sie ihr Glück kaum fassen, und auch, wenn sie es am liebsten nur für sich behalten würden, sieht man es ihnen dennoch an. Für sie ändert sich in diesem Augenblick alles, sie werden spürbar zu einem anderen, der nur noch Glück kennt, Glücksgefühle bestimmen ihr ganzes Dasein: Ich bin glücklich, also bin ich. Dieses Glück ist unteilbar, folgt keinem Versprechen und keiner Vorschrift. Dieses Glück, das sich einem oder einer anderen verdankt, hängt an einem seidenen Faden, sie wissen es und kosten deswegen jeden Augenblick aus wie einen Rausch. Umso tiefer ihr Schmerz, wenn das Glück für sie aufhört zu existieren und sie sich wieder allein mit sich fühlen.

Das, was viele Erwachsene und ältere Menschen abseits vom Glücksdiktat der Gesellschaft häufig glücklich macht, das Erleben in der Natur oder der Anblick eines berühmten Gemäldes im Museum, zählt für sie nicht. Natur und Gegenstände erscheinen ihnen seelenlos, ihr Glück bemisst sich fast immer an der *Begegnung mit anderen* möglichst Gleichaltrigen, was auch der Abgrenzung von den Glücksvorstellungen der Erwachsenenwelt dient, denen sie misstrauen. Womit sie aber auch anfällig dafür werden, welche Art von Glück in ihrer Community oder Clique gerade angesagt ist, bei ihren Freundinnen und Freunden, mit denen gemeinsam sie sich dann auf die Suche begeben, um es zu finden.

Viele von ihnen versuchen dann, das Glück im Netz zu finden, das sie stundenlang mit endlosen »Wipes« durchpflügen. Egal, ob es sich um dann um »Likes« und die damit gewünschte Bestätigung ihrer selbst handelt, um ihre Heldinnen und Helden auf unzähligen Kurzvideos, denen sie begeistert zusehen, oder ob sie sich in endlos aneinandergereihten Serien verlieren oder den Ratschlägen von Influencerinnen lauschen – ihre Glückssuche findet zunehmend im virtuellen Raum statt, immer gepaart mit Enttäuschungen, dort nicht, wie versprochen, glücklich zu werden. Dann geht ihre Glückssuche wieder von vorne los und kann, weil kein Ende in Sicht, süchtig machen.

Erst wenn sie das junge Erwachsenenalter erreicht haben, von zu Hause ausgezogen sind und mehr und mehr Verantwortung für sich selbst übernehmen, definieren Jugendliche ihre Glücksvorstellungen häufig noch einmal neu, auch deswegen, weil sie sich zunehmend die Frage nach dem Wohin in ihrem Leben stellen müssen. Mit dem Einzug in die Erwachsenenwelt verändert sich ihr Blick. Er gilt nicht mehr nur dem gerade gegebenen Augenblick, sondern richtet sich mehr und mehr auch auf die Zukunft und darauf, welches Glücksversprechen sie für ihr Leben bereithält. In dieser Phase, in der sie nach Orientierung und neuen Lebenszielen suchen, kommt es immer wieder zu Selbstzweifel und unglücklichen Phasen in ihrem Leben, aus denen sie zunehmend lernen müssen, selbständig wieder herauszufinden, wobei Präsenz und Mitgefühl ihrer Eltern nach wie vor eine bedeutende, wenn auch nicht mehr zwingende Rolle spielen.[12] Sie müssen sich auf den Weg machen, ihr eigenes Glück zu finden, ohne sich dabei dem Glücksdiktat der Gesellschaft zu unterwerfen.

4. Kapitel

Glück und Bindung

Alle Kinder sind soziale Wesen

Noch bis Mitte des letzten Jahrhunderts gingen Ärzte und Psychologen davon aus, dass ein Kind als eine Art Black Box, als eine von außen nicht einsehbare »leere Schachtel«, auf die Welt kommt. Aus dieser Überlegung heraus wurde die Schlussfolgerung gezogen, dass Kinder als bei ihrer Geburt unbeschriebene Blätter erst durch Belohnung und Bestrafung seitens ihrer Eltern und nahen Umgebung zu Menschen gemacht werden müssen. Säuglinge, so sah man es noch bis Anfang der 1960er Jahre, seien zu Beginn ihres Lebens ebenso schmerzunempfindlich wie auch gefühllos. Deswegen bräuchten sie bei operativen Eingriffen keine Schmerzmittel und nach ihrer Geburt auch zunächst keinen besonderen menschlichen Kontakt. Sie könnten abseits ihrer Mütter versorgt werden, notwendig sei nur die Befriedigung ihrer elementaren Bedürfnisse wie Nahrung und Schlaf. Eine Auffassung, die in der Erziehung von Kindern bis in die erste Hälfte des letzten Jahrhunderts und darüber hinaus deutliche Spuren hinterlassen sollte.

Die Psychoanalyse wiederum, die in dieser Zeit viel zum Verständnis frühkindlichen Empfindens und Verhaltens beitrug, sah im neugeborenen Kind ein nur auf seine Triebbedürfnisse ausgerichtetes, wenn man so will, triebhaftes und egozentrisches Wesen.

Sie berücksichtigte zwar die große Bedeutung der sozialen Hinwendung des Kindes zu seinen unmittelbaren Bezugspersonen, die Liebe zu seiner Mutter und seinem Vater, mit denen es später ein ödipales Dreieck bilden würde, konzentrierte sich in diesem Rahmen aber vorrangig auf die verschiedenen Stadien seiner unmittelbar auf Triebbefriedigung ausgerichteten Bedürfnisse.

Mit der Auffassung eines bei Geburt noch völlig beziehungslosen Kindes, das, wenn überhaupt, in seiner Hinwendung zu seinen Eltern mehr oder weniger entlang von Partialtrieben agiert, haben die moderne Säuglingsforschung[13] und Bindungstheorie,[14] die beide in der zweiten Hälfte des letzten Jahrhunderts entstanden sind, gründlich Schluss gemacht. Ihre weltweiten Beobachtungen und die daraus folgenden Schlussfolgerungen haben zeigen können, dass das Verhalten von Kindern von Geburt an *aktiv* auf einen *wechselseitigen* sozialen Austausch mit ihren wichtigsten Bezugspersonen ausgerichtet ist. Von sich aus und mit allen ihnen zur Verfügung stehenden Mitteln wenden sie sich ihren Eltern zu und reagieren besonders empfindlich, wenn sie von diesen, aus welchen Gründen auch immer, getrennt werden. Aus nachvollziehbarer Verlustangst und auf der Suche nach Schutz und Geborgenheit suchen sie von Beginn ihres Lebens an ihre Nähe. Ihre ersten Gesten, ihre ersten Blicke und später ihre ersten Worte suchen umgekehrt aber auch die Bereitschaft ihrer Eltern, sich ihnen zuzuwenden, sie beschützend und wohlwollend zu empfangen, auf die an sie gerichteten Signale zu reagieren und ihnen feinfühlig zu begegnen. Wenn der Säugling bei seiner Geburt bereits sprechen könnte, würde er es so formulieren:

»Ich brauche euch. Ohne euch kann ich nicht leben. Wenn ihr für mich da seid, fühle ich mich geborgen. Auf dieser Basis, die mir die notwendige Sicherheit bietet, will ich die Welt um mich herum nach und nach erobern. Deswegen suche ich von meiner Geburt an den Kontakt mit euch, wann immer es möglich ist.«

Eine aus solch wechselseitiger Kommunikation resultierende Bindung an seine primären Bezugspersonen erfüllt also die Funktion, dem Kind von Geburt an ein Gefühl von Sicherheit, Schutz und Vertrauen in seine Umwelt zu geben. Damit ausgestattet, das haben zahlreiche bindungstheoretische Studien ergeben, können Kinder mit der vorübergehenden Trennung von ihren Eltern und deren zeitweisen Abwesenheit viel besser umgehen als Kinder, deren Bindung an ihre wichtigsten Bezugspersonen in den ersten Lebensjahren nur unzureichend gelungen ist.

Resonanz und Glück

Entscheidend für eine sichere Bindung des Kindes an seine ihm wichtigsten Bezugspersonen ist also die Erfahrung, dass es auf alle seine nichtsprachlichen und sprachlichen Gesten hin *Resonanz* erfährt. So streckt der Säugling seine Ärmchen nach seinen Eltern aus und will von ihnen *auf- und angenommen* werden. Der kleine Mensch blickt uns erwartungsvoll an, und wir erwidern freudig seinen Blick und halten ihn wie von selbst so nah bei uns, dass er unsere wohlwollende Reaktion wahrnimmt und auf seine Weise versteht. Schon das Neugeborene will von uns *gesehen werden* und dass wir auf das, was es zum Ausdruck bringen möchte, entsprechend reagieren. Später richtet das Kleinkind dann seine ersten Worte an uns, und wir antworten ihm und führen es auf diese Weise in die Welt der Sprache ein. Wir nennen ihm seinen Namen, wiederholen seine ersten Worte und geben ihm das Gefühl, auch sprachlich mit uns verbunden zu sein. Der oder die Kleine zeigt mit der Hand auf etwas, und wir versuchen ihr oder ihm zu erklären, was es damit auf sich hat. Solcherart mit uns geteilte Resonanz erfüllt *jedes Kind* mit Genugtuung und Stolz, mithilfe seiner ihm zur Verfügung stehenden Mittel Beachtung zu finden, andere damit erreichen zu können und eine Antwort auf noch ungelöste Fragen zu bekommen. Die Beachtung seiner Gesten und Signale bildet den Grundstein für das, was Psychologen die Erfahrung von »Selbstwirksamkeit« nennen: »Das, was ich mir vornehme, kann ich mit meinen mir zur Verfügung stehenden Mitteln erreichen. Die Welt antwortet mir.«

Nach solcher Resonanzerfahrung suchen von sich aus und aktiv zunächst *alle Kinder*, denn sie wollen gehört und gesehen werden. Mit dieser Erfahrung baut sich in ihrer frühen Kindheit nicht nur eine sichere Bindung zu ihren wichtigsten Bezugspersonen, sondern auch ein sicheres Selbstgefühl auf. Die Erfahrung von Resonanz bildet somit den Dreh- und Angelpunkt aller *existenziellen Bedürfnisse* von Kindern, die sich wie folgt zusammenfassen lassen:

(Ur-)Vertrauen: »Wenn ich mich an euch wende, kann ich mit euch rechnen.«

Geborgenheit und Sicherheit: »Hier bei euch fühle ich mich gut aufgehoben.«

Anerkennung: »Ich werde gehört und gesehen, also bin ich.«

Selbstgefühl: »So, wie ich bin, darf ich sein.«

Selbstwert: »Ich fühle mich wertvoll, weil ich die Erfahrung mache, wertvoll für euch zu sein.«

Selbstwirksamkeit: »Was ich mir vornehme, gelingt mir (zumindest in den meisten Fällen).«

Mit der Erfüllung dieser grundlegenden Bedürfnisse gelingt es den meisten Eltern, zwischen sich und ihren Kindern ein sicheres Band herzustellen, das auch bei auftretenden Zerreißproben, zum Beispiel im Fall ihrer Abwesenheit oder äußerlichen Bedrohungen, nicht reißt. Auf seine Bedürfnisse einzugehen, bedeutet für Eltern jedoch nicht, ihrem Kind auf Schritt und Tritt ständig folgen zu müssen und immer und überall für es da zu sein oder ihm alle seine Wünsche sofort zu erfüllen. Im Gegenteil: Da Enttäuschungen und

Alleinsein zu seinem Leben ebenso gehören wie die unmittelbare Anwesenheit jener, die ihm liebevoll und feinfühlig Sicherheit vermitteln, bildet eine gute Bindung eine zwar hinreichende, aber auch niemals völlig ausreichende Grundlage, um mit Ängsten und unglücklichen Stimmungen umgehen zu lernen, die jedes Kind kennenlernen wird. Auch das sicher gebundene Kind kennt das Gefühl, ängstlich und unglücklich zu sein, muss mit Krisen umgehen lernen, wenn es sich außerhalb seines Elternhauses verlassen, »übersehen« und nicht gehört fühlt. Eine sichere Bindung ist also keine Garantie dafür, immerzu glücklich zu sein. Ihre dem Kind Vertrauen in sich selbst und in die Welt vermittelnde Funktion aber ist eine wichtige Bedingung dafür, auch unglücklich machende Erfahrungen besser überstehen zu können und selbstbewusst, selbstwirksam und konstruktiv mit Einsamkeit oder Verlassenheitsängsten umgehen zu können. Die Befriedigung existenzieller Bedürfnisse schafft für das Kind so etwas wie einen sicheren Hafen, um sich von dort aus im Verlauf seiner Entwicklung auf das offene Meer des Lebens mit all seinen Stürmen und Unwägbarkeiten hinauszuwagen, immer im festen Glauben, ihn dann und wann auch wieder aufsuchen zu dürfen. Abseits aller kommerziellen Glücksversprechungen sorgt das aus einer sicheren Beziehung zu den ersten Bezugspersonen resultierende Glücksempfinden also auch für mehr Weltoffenheit.[15]

Bindungstheoretisch orientierte Experimente mit Kindern im Alter von etwa elf bis achtzehn Monaten haben gezeigt, dass diese Kinder mit einer guten Bindung an ihre Mütter ihre Umgebung neugieriger in Angriff nehmen und sich von ihnen angstfreier entfernen als Kinder, die sich mit ihren Müttern nicht so sicher erlebt haben.[16] Diese »klebten«, wenn sie im Experiment kurzfristig von ihren Müttern verlassen wurden, bei ihrer Rückkehr mehr an ihnen, lehnten sie aus Enttäuschung manchmal ab und wirkten verängstigt und unselbständiger. Ihre Lust, den Raum erneut zu erforschen, erlosch. Aus diesen und anderen Beobachtungen lässt sich schließen, dass das Kind eine gute Bindung an seine ihm wichtigsten Bezugspersonen als sicheren Rückhalt nutzt, neugierig und angstfrei für sich die Welt zu erobern. Dazu gehört auch seine Bereitschaft, sich mit zunehmendem Alter, zunächst bei Anwesenheit der Mutter oder des Vaters, Fremden gegenüber zu öffnen und auf andere Menschen zuzugehen.

Das bindungssichere Kind sucht also aktiv nach Situationen und Begegnungen, die für sein Glücksempfinden, wie wir es in den vorangegangenen Kapiteln jenseits von Konsum und Glücksterror beschrieben haben, bedeutend sind, weil sie immer wieder von Neuem für ein positives Echo sorgen, sich in der Welt aufgenommen und als kleiner Mensch angenommen und anerkannt zu fühlen. Die gute Bindung an seine Eltern nimmt dem Kind anfangs die Angst und die damit verbundene Mühe, ständig an sein eigenes Überleben denken und dafür kämpfen zu müssen. Das Kind ist zunehmend frei, diese und andere glücklichen Momente seines Lebens zu genießen und sie uns durch sein Lachen, seine unbändige Freude und durch seine Gesten und Mimik mitzuteilen. Nicht angstfrei, aber doch mit sicherem Rückhalt macht sich ein solches Kind auf seinen weiteren Lebensweg, es löst sich nach und nach von dem Bedürfnis, seine Eltern ständig um sich herum zu haben, die es dennoch weiterhin innerlich als sicherer Anker begleiten. Es traut sich selbst immer mehr zu und erlangt so immer mehr Autonomie und Authentizität, bis es schließlich erwachsen wird.

Unglückliche Kinder

Kinder, denen das Vertrauen in ihre wichtigsten Bezugspersonen fehlt, sind häufiger unglücklich als andere. Bei der ihnen angeborenen Suche nach Resonanz haben sie buchstäblich zu oft ins Leere gegriffen. Wie alle anderen Kinder sehnten auch sie sich nach einer Antwort auf ihre Gesten, Blicke und Worte, die sie viel zu selten und in wenigen Fällen so gut wie gar nicht erhielten. Aus dieser Erfahrung heraus fällt es ihnen schwer, den Augenblick, ob im Spiel oder im Kontakt mit anderen Kindern und Erwachsenen, freudig zu genießen, denn er wird immer wieder überschattet von der schon frühkindlich erworbenen Angst, übersehen, überhört und im Stich gelassen zu werden. Andere klammern sich später an ihre Bezugspersonen, auch Erzieherinnen und Lehrerinnen, aus Angst, wieder verlassen zu werden, und wagen es nur selten, zusammen mit anderen Kindern »das Weite« zu suchen. Kinder, die nur eine unzureichende Bindung zu ihren Eltern erfahren haben, wirken manchmal orientierungslos und verloren. Manche von ihnen macht ihre innere Leere aggressiv. Laut und bestimmt fordern sie Resonanz ein, aber ihr herausforderndes Verhalten erreicht zu oft genau nicht das, was sie eigentlich wollen. Statt angenommen und beachtet zu werden, erleben sie häufig das Gegenteil. Erneut erfahren sie Ablehnung, und es fällt ihnen ohne angemessenes Verständnis und ohne Unterstützung nur schwer, aus diesem Teufelskreis herauszufinden, in den sie immer wieder geraten – ob bei sich zu Hause, in der Kita oder der Schule. Auch wenn man es ihnen mit ihrem oft lautstarken Verhalten kaum anmerkt, fühlen sie sich von der Gesellschaft anderer ausgeschlossen, einsam und verlassen. Manche von ihnen ziehen sich dann immer mehr zurück und verstummen. Ihren Versuch, mit ihrer Umwelt in gegenseitigen Kontakt zu treten, haben sie aufgegeben.

Und dennoch: Auch diese Kinder mit ihrer schwierigen Vorgeschichte können sich in bestimmten Augenblicken trotz aller erlebten Enttäuschungen glücklich fühlen. Aber es handelt sich bei ihnen meistens nur um ein *flüchtiges Glück*, immer überschattet von der Angst, dass es ihnen zu schnell wieder weggenommen wird und abhandenkommt. Das haben sie schon früher so erlebt, wenn sie auf ihrer Suche nach Resonanz keine Antwort bekamen, wenn ihnen ihr Glück aus empfundener Nähe zu einem anderen Menschen zu schnell wieder entrissen wurde, wenn ihre ausgestreckte Arme nur selten einen Empfänger erreichten, Blicke nur selten erwidert wurden oder Worte kein Echo fanden. Manchmal finden sie dann bei anderen Menschen ihrer Umgebung Trost und Halt, bei einer Erzieherin, einer Lehrerin oder einem ihnen nahestehenden Menschen, dem sie ihr Vertrauen schenken. Jemand, der versucht, sie trotz ihres oft irritierenden Verhaltens zu verstehen und ihnen Nähe und Sicherheit bietet, kann sie buchstäblich aus ihrer Einsamkeit befreien. Wiederum andere suchen aus dem Fehlen menschlicher Anerkennung nach Resonanz in der Natur, wovon auch der so erfolgreiche Roman *Der Gesang der Flusskrebse* handelt, auf den wir im nächsten Kapitel noch zurückkommen werden. Dass dieser Roman über das Schicksal eines von seinen Eltern verlassenen Kindes so viele Leserinnen und Leser fand, hat wohl auch mit der Hoffnung zu tun, dass ein Kind selbst unter schwierigsten Voraussetzungen aus seiner von ihm empfundenen Leere und Isolation ins Leben zurückfinden kann, die wohl manche seiner erwachsenen Leser in ihrem Leben, wenn auch unter anderen Umständen, selbst erfahren haben.

Unglücklichsein und Empathie

Die eigene Erfahrung, unglücklich zu sein, kann das Empathiegefühl eines Kindes stärken. Seine Stärke besteht darin, dass es aus eigenem Erleben heraus das Unglücklichsein eines anderen Menschen nicht nur verstehen, sondern innerlich nachvollziehen kann. Es erspürt die Ängste und Einsamkeit eines anderen Kindes oder Erwachsenen und will ihnen helfen. Nicht anders ist es zu verstehen, dass so viele selbst in Armut, Not oder Kriegsfolgen geratene Kinder später einmal Krankenschwester, Ärztin oder Lehrer werden wollen. Sie wollen selbst helfen, dass es anderen später einmal durch ihr Engagement bessergeht als ihnen selbst, als sie noch Kinder waren. Auch Erwachsene in helfenden Berufen blicken oft auf eine unglückliche Kindheit zurück und haben trotzdem das Vertrauen in ihre eigene Handlungsfähigkeit, gerade weil sie das Unglück anderer so gut verstehen, nicht verloren.

Auch eine gute Bindung kann unglücklich machen

Dass widrige Umstände, besonders, wenn sie auf unsicheren Bindungserfahrungen beruhen, unglücklich machen können, liegt auf der Hand. Übersehen wird dabei oft, dass auch Kinder mit guten Bindungserfahrungen unglücklich sein können. Gerade sie sind es gewohnt, dass auf ihre Bedürfnisse nach Schutz und Geborgenheit feinfühlig eingegangen wurde. Sie haben Resonanz erfahren und wurden so angenommen und geliebt, wie sie sind. Doch außerhalb der Schutzzone ihrer Familie ergeben sich auch für sie immer wieder Situationen, in denen sie sich plötzlich schutzlos und einsam fühlen, spätestens, wenn sie die Erfahrung machen, aus ihrer kleinen, übersichtlichen und vertrauensvollen Familie und einer darüber hinaus freundlichen Umgebung herausgerissen zu werden. Dies geschieht manchmal schon in der Kinderkrippe. Ihr oft spontanes Weinen, wenn sie »abgeliefert« werden, zeugt davon ebenso wie ihre unbändige Freude, wenn sie wieder abgeholt werden. Oft wird ihnen dann von den pädagogischen Fachkräften eine unsichere Bindung an ihre Eltern unterstellt, obwohl gerade das Gegenteil der Fall ist.

Sowohl in der Kita wie auch später in der Schule müssen Kinder lernen, allein und ohne direkte Unterstützung ihrer Eltern zurechtzukommen. Manchmal helfen ihnen dabei feinfühlige Erzieherinnen oder Lehrerinnen, aber nicht immer. Und wenn sie sich in der Pubertät allmählich von ihren Eltern loslösen müssen, gilt es ebenso, mit Alleinsein, Einsamkeitsgefühlen und Verlassenheitsängsten umgehen zu lernen. Aus sicheren Bindungserfahrungen bringen sie zweifellos gute Voraussetzungen mit, diese Entwicklungsaufgaben mutig und selbstbewusst in Angriff zu nehmen. Aber manchmal empfinden sie, so paradox es klingt, den Schmerz besonders stark, wenn sie dieses stabile Band, das sie mit ihren Eltern in ihrer Kindheit verbunden hat, nicht mehr in allen Lebenssituationen davor schützen kann, Krisen zu erleben und sich unglücklich zu fühlen. Ihre Furcht vor solcher Selbständigkeit, in der sie sich unabhängig von ihren Eltern bewähren müssen, kann dazu führen, den sicheren Hafen des Elternhauses nur ungern zu verlassen. Manche Eltern, die selbst nicht loslassen können, unterstützen sie darin, auch, um sich ihrer Bedeutung zu vergewissern, wenn ihre Kinder langsam älter und unabhängiger werden. Und die Kinder wollen sie darin nicht enttäuschen, weil ihre Eltern doch alles tun, um sie glücklich zu machen. Es ist für sie dann schwierig, selbst loszulassen.

Wie bei den unglücklichen Kindern werden auch bei Kindern mit einem sicheren Bindungshintergrund durch das ihnen von allen Seiten versprochene Glück Unsicherheiten und Ängste wachgerufen. Solch ausgeübter *Zwang zum Glücklichsein* lässt auch sie, die unmittelbares Glück in ihrer Kindheit erlebt haben, in manchen Situationen statt glücklich unglücklich werden. Doch ihre frühkindlich durch eine sichere Bindung erworbene Kraft und Stärke lässt sie dennoch weniger verzweifeln und mutiger sein, unglückliche Phasen in ihrem späteren Leben in Angriff zu nehmen und erfolgreich zu bewältigen.

5. Kapitel

Unglückliche Kinder im Märchen

Märchen und das Glücksdiktat

Märchen wie die der Brüder Grimm oder des dänischen Märchenerzählers Hans Christian Andersen genießen bei manchen Eltern, zumindest in ihrer ursprünglichen Form, einen ähnlich schlechten Ruf wie das Unglücklichsein von Kindern. Nicht nur, weil in ihnen viele unglückliche und verstoßene Kinder eine Rolle spielen, sondern auch wegen der häufig vorkommenden Gewaltszenen. Märchenbücher werden deswegen von Verlagen oder bei ihrer Verfilmung gerne entschärft und mit entsprechend verharmlosenden Texten oder Bildern so ausgestattet, dass Kinder (und Erwachsene!) sich nicht zu ängstigen brauchen. Übernommen wird nur das Grundmotiv, das sich in sämtlichen Märchen finden lässt, nämlich das Gute vom Bösen fein säuberlich zu trennen. Ambivalente Gefühle und Gedanken kommen in den klassischen Märchen gar nicht oder nur selten vor.

Dass Kindern die Märchen in ihrer ursprünglichen Form nur noch selten angeboten werden, mag auch mit dem bereits erwähnten Wohlfühlprogramm und Zwang zum Glücklichsein in unserer Gesellschaft zu tun haben. Denn obwohl sie ja alle gut ausgehen, thematisieren sie oft Gewalt gegen Kinder, handeln von Zwietracht, Gemeinheit, Mobbing, Verlust, Tod und Rache.

Doch gerade weil sie keine heile Welt, wie so oft gewünscht, darstellen, weil sie von inneren Konflikten handeln und Ängste thematisieren, die nahezu jedes Kind in seiner Entwicklung durchmacht, stoßen sie bei den Kindern auf so große Resonanz. Anders als viele Erwachsene denken, ist Kindern nicht nur das Gute, sondern auch das Böse stets präsent, zumindest in ihrer eigenen Phantasie und Vorstellungswelt. Davon schrieb schon vor gut fünfzig Jahren der Psychoanalytiker Bruno Bettelheim in seinem Bestseller und Ratgeber mit dem schlichten Titel *Kinder brauchen Märchen*, seinerzeit noch Pflichtlektüre vieler Eltern: »Bei den meisten Eltern«, stellte Bettelheim fest, »herrscht die Meinung vor, man müsse ein Kind von dem, was es am meisten bedrückt, ablenken, also von seinen gestaltlosen, namenlosen Ängsten und von seinen chaotischen, zornigen oder auch gewalttätigen Phantasien. Viele Eltern glauben, man sollte das Kind nur mit bewusster Wirklichkeit oder angenehmen, wunscherfüllenden Bildern konfrontieren, ihm also nur die Schokoladenseite der Dinge zeigen. Aber eine solche einseitige Wegzehrung nährt die Persönlichkeit auch nur einseitig, und das wirkliche Leben hat Schattenseiten.«[17] An dieser Einstellung hat sich bis heute wenig geändert, im Gegenteil, die Tendenz, Kinder vor allem Unglück zu bewahren, auch wenn es »nur« in Märchen vorkommt, hat sich unter Einfluss der vielfältigen Glücksversprechungen eher noch verstärkt.

In den berühmtesten Kindermärchen geht es nicht um Kinder, die immer nur glücklich und zufrieden ihr Leben genießen. Sie handeln von keiner künstlich aufgeladenen heilen Welt, wie sie für Eltern heutzutage von Werbeagenturen entworfen wird und an deren Bild sie sich und ihre Erziehungsfähigkeiten messen sollen. Im Vordergrund stehen zunächst einmal die *unglücklichen Kinder*. Es geht dabei um Kinder und manchmal auch Tiere, die gehänselt werden, weil sie anders sind oder aussehen, um Kinder, die unter der Armut ihrer Eltern leiden, Kinder, die ausgenutzt und ausgebeutet werden, um Kinder, die einsam sind, die ausgesetzt werden und verlorengehen, weil sich niemand um sie richtig kümmert – höchstaktuelle Probleme im Übrigen, unter denen auch in unserer Welt immer noch viele Kinder leiden.

Da solcherart Märchen zum heutigen Glücksversprechen nicht mehr so recht passen, sind sie, obwohl sie ja immer gut ausgehen, in ihrer ursprünglichen Form aus vielen Kinderzimmern verschwunden. Sie wurden ersetzt durch eher harmlose und unterhaltende Kinderbücher, in deren Märchenwelten glitzernde Einhörner, Feen und Elfen herumgeistern, von Büchern, die schon den Allerkleinsten Sachwissen vermitteln sollen, durch Computerspiele auf Tablets, wo es in einer Welt, die auch für kleine Kinderhände leicht zu steuern und zu handhaben ist, immer fröhlich und quietschbunt zugeht. Eine Märchenwelt scheint langsam verlorenzugehen, in der innere Konflikte und Ängste von Kindern nicht verharmlost, sondern benannt und zum Vorschein gebracht werden.

Das Glück der Unglücklichen – warum Kinder Märchen lieben

Kinder, auch schon die jüngsten, aber faszinieren Geschichten, die von unglücklichen Kindern handeln. Ob in Märchen, auf der Theaterbühne oder auch in den unzähligen Märchenfilmen, die besonders zur Weihnachtszeit im Fernsehen Hochkonjunktur haben. Was also macht ihre Faszination für sie aus?

Kinder erfassen intuitiv, dass diese Geschichten auch von ihnen selbst handeln, sonst wären sie ihnen gleichgültig. Mit anderen Worten: Sie kennen die Nöte, Probleme und Abgründe bei sich selbst, die die kleinen Heldinnen und Helden in den Märchen stellvertretend für sie thematisieren und durchmachen. Ob als Dreijährige, Fünfjährige oder älter – alle fühlen sich in ihren *existenziellen Ängsten* angesprochen, verlassen zu werden und allein und ohne Hilfe der Eltern das Leben in Angriff nehmen zu müssen. Immer wieder geht es um *Verlustängste*, die sie alle kennen, um die Angst davor, ausgeschlossen, übersehen und nicht gehört zu werden. Auch um ihre Furcht, nicht dazuzugehören, weil sie anders sind als andere Kinder.

In den Märchen werden damit innere Vorgänge und Konflikte zum Ausdruck gebracht, die sie oft bei sich selbst spüren, aber, je kleiner sie sind, noch nicht sprachlich zum Ausdruck bringen können. Ängste werden benannt, die sie selbst empfinden, wenn sie nicht einschlafen können, weil sie sich fürchten, aufgefressen, von Fremden mitgenommen und umgebracht zu werden. Es geht um das Gefühl, hilflos, allein und verlassen zu sein, das sie kennen, wenn sich in der Krippe oder Kita niemand um sie kümmert oder wenn sie bei Schulbeginn die Erfahrung machen, ohne ihre beschützenden Eltern zurechtkommen zu müssen und nicht mehr, wie gewohnt, im Mittelpunkt zu stehen. In den Märchen können sie sich mit ihren eigenen Ängsten auseinandersetzen, auch deswegen, weil sie von anderen und nicht von ihnen selbst empfunden und thematisiert werden. Sie brauchen ihre eigenen Ängste also nicht selbst zum Ausdruck bringen, müssen sich nicht zu ihnen bekennen, zumal sie häufig merken, dass die Erwachsenen von ihren unglücklichen Gefühlen oft nicht allzu viel wissen wollen. Ihre Ängste verlieren ihren Schrecken, weil sie dieselben Ängste in den Märchen, ihnen wesensgleich, auch bei anderen Kindern finden. An deren Ängsten lassen sich eigene Befürchtungen und bedrohliche Gefühle messen und vergleichen. Sie sich einzugestehen, übernehmen für sie andere Kinder; das entlastet, und darüber hinaus entgeht man der elterlichen Zensur, sich möglichst immer wohlauf und glücklich zu fühlen.

Die vielleicht größte Faszination finden Kinder in den Märchen jedoch, weil sie ihnen darüber, dass sie *immer* gut ausgehen, *Hoffnung* machen, auch ihre eigenen Ängste und ihr eigenes Unglück mit Mut und Ausdauer überstehen zu können, wofür sie am Ende mit einem glücklichen und zufriedenen Leben belohnt werden. Insofern bieten gerade die klassischen Märchen Kindern immer auch ein Stück Lebenshilfe, sich mit den Entwicklungsaufgaben, vor die sie je nach ihrem Alter gestellt werden, aktiv auseinanderzusetzen. Märchen zeigen ihnen, wie man mutig eigene, stets anwesende Verlust- und Trennungsängste überwinden kann, wie man durch eigene Taten und Ausdauer Freunde findet und so immer selbständiger und, wenn man so will, am Ende auch glücklich wird.

Märchen bilden mit ihren bösen Stiefmüttern oder der unheilvollen Rivalität zwischen Geschwistern Konflikte und Ängste ab, die Kinder in ihrem Alltag auch schon erlebt haben. Nicht dass es bei ihnen zu Hause genauso oder ähnlich drastisch zugeht. Aber sie stellen sich oft vor, dass ihre Eltern sie ebenso fallenlassen könnten, wenn sie unartig sind und dafür bestraft werden, wenn ein Geschwisterkind auf die Welt kommt und sie keine Beachtung mehr finden. Wenn sie in die Krippe kommen und das Gefühl haben, ihre Eltern lassen sie, zumindest vorübergehend, im Stich. Im Gegensatz zu ihren Eltern, die sie häufig gerne abwiegeln, nehmen die Märchen, denen sie gebannt lauschen, ihre Konflikte und Ängste ernst, indem sie sie benennen und ihnen so Ausdruck verschaffen. Und wenn das Böse auf oft martialische Weise besiegt wird, erkennen sie darin ihre eigenen Rachegelüste und Gewaltphantasien, die sie, weil unerlaubt, für sich behalten müssen. Was sie im Verlauf ihres Lebens allerdings lernen müssen, ist die Tatsache, dass in der Wirklichkeit weder magische Kräfte noch diejenigen einer Prinzessin oder eines Prinzen ausreichen, um empfundenes Unglück zu überwinden.

In den folgenden Abschnitten wollen wir uns näher mit einigen der kleinen Heldinnen und Helden dieser oft trostspendenden Märchenwelten beschäftigen, die uns die Gefühle, aber auch *die Hoffnung* und *die Fähigkeiten* unglücklicher Kinder, ihr eigenes Schicksal zu besiegen, näherbringen. Die Faszination der Kinder für Märchen liegt darin, dass sie darin in oft verschlüsselter Form alle ihre existenziellen Bedürfnisse vorfinden, aber auch die damit verbundenen Ängste. Zum Beispiel ihre Wünsche nach Sicherheit und Geborgenheit und ihre Angst, von denen, die für sie da sind, fallengelassen zu werden. In dieser Welt, die kindliches Unglück nicht tabuisiert, fühlen sie sich ernst genommen und sehen ihre Sorgen bestätigt.

Neben herkömmlichen klassischen Märchen für Kinder habe ich auch ein Beispiel aus der Erwachsenenliteratur genommen, dessen unerwarteter Erfolg aufzeigt, warum nicht nur Kinder, sondern auch viele Erwachsene sich gerne mit einem unglücklichen Kind identifizieren. Auch hier steht zunächst ein unglückliches Kind im Mittelpunkt des Geschehens. Mit seiner Liebe zur Natur, seinem unbändigen Willen zu überleben und seinem Protest dagegen, sich gesellschaftlich vorgegebenen Glückserwartungen zu fügen, wird es auch für Erwachsene zum Ideal, sich selbst von unverschuldetem Leid und Unglück zu befreien. Beginnen wollen wir aber mit Märchen, die für unsere Kinder erzählt und geschrieben worden sind.

Hans Christian Andersen: Das hässliche Entlein

Das Märchen *Das hässliche Entlein* von Hans Christian Andersen beginnt mitten in einer ländlichen Idylle: »Es war so herrlich draußen auf dem Lande. Es war Sommer, das Korn stand gelb, der Hafer grün, das Heu war unten in den grünen Wiesen zu Haufen zusammengetragen.« Hier kommt das »hässliche Entlein« zusammen mit seinen anderen Geschwistern zur Welt, aber es ist *anders* als sie: größer, grauer und vor allem: hässlicher! Von seinen Geschwistern und allen Tieren, die ihm kurz nach seiner Geburt begegnen, wird es deswegen gehänselt und verspottet. Nur seine Mutter hält weiter zu ihm: »Schau, wie schön es die Beine gebraucht, wie gut es sich hält. Es ist mein eigenes Kind! Im Grunde ist es doch ganz hübsch, wenn man es richtig ansieht.«

Aber die unverbrüchliche Liebe seiner Mutter kann dem hässlichen Entlein zunächst auch nicht weiterhelfen. Immer mehr muss es unter den Hänseleien derer leiden, denen es begegnet. Sogar die eigenen Geschwister wünschen ihm den Tod an den Hals. Wie so viele unglückliche Kinder findet das hässliche Entlein die Erklärung bei sich selbst und gibt sich, mit anderen Worten, selbst die Schuld an seinem traurigen Schicksal: »Das ist, weil ich so hässlich bin.« Als einzigen Ausweg beschließt es, sein Zuhause zu verlassen. Damit beginnt eine längere Odyssee, die fast ein Jahr, hinein bis ins nächste Frühjahr, andauert.

Zunächst landet es bei den Wildenten, die es ebenfalls wegen seiner Hässlichkeit ablehnen. Dann trifft es wenig später zwei Wildgänse, die sich an seinem Aussehen weniger stören und ihm ein verlockendes und verführerisches Angebot machen: »Willst du mit uns mitziehen und Zugvogel werden? Hier ganz in der Nähe in einem anderen Moor sind einige süße, liebliche Wildgänse, alles junge Fräulein.« Doch schon kurz darauf ist das hässliche Entlein wieder allein: Die beiden Wildgänse werden vor seinen Augen von Jägern, vielleicht auch wegen ihrer unmoralischen Versprechungen, erschossen.

Nun zieht das hässliche Entlein weiter und erreicht völlig erschöpft ein kleines Bauernhaus, wo es aufgenommen wird und als Gegenleistung der Bäuerin Eier liefern soll. Da es dies jedoch nicht vermag, wird es erneut zum Ziel von Ablehnung und Häme. Obwohl es sich doch alle Mühe gibt, der Bäuerin zu gefallen, fühlt es sich weiterhin unverstanden: »Ihr versteht mich nicht«, klagt es. »Ich glaube, ich will hinaus in die weite Welt gehen!« Das Entlein flieht und macht sich erneut auf seinen Weg.

Es wird Herbst, das Entlein friert, und es geht ihm alles andere als gut. Da erblickt es zum ersten Mal in seinem Leben die Schwäne, die über es hinwegfliegen, und sieht ihnen lange nach: »Oh, es konnte die schönen Vögel, die *glücklichen* (Herv. von mir, CK) Vögel nicht vergessen. (…) Es wusste nicht, wie die Vögel hießen, nicht, wo sie hinflogen, aber doch liebte es sie, wie es noch niemand geliebt hatte.« Aber sein Zugehörigkeitsgefühl zu den Schwänen wird noch einmal auf die Probe gestellt. Der Winter kommt, und fast wäre das hässliche Entlein in einem See eingefroren, hätte es nicht ein Bauer gerettet, der es aus Mitleid mit zu sich nach Hause nimmt. Aber schon bald muss es auch hier Reißaus nehmen, weil es in seinem neuen Zuhause auf seine unbeholfene Art alles nur durcheinanderbrachte und es niemandem recht machen konnte.

Endlich wird es wieder Frühling. Das Entlein ist jetzt ein Jahr alt. Und noch einmal begegnen ihm die Schwäne, und bei ihrem erneuten Anblick wird es »von einer seltsamen Wehmut ergriffen«. Von den Schwänen derart angezogen schwimmt es zu ihnen hin, auch auf die Gefahr hin, dass »sie es todhacken würden, weil ich so hässlich bin«. Als es, bereit zu sterben, seinen Kopf hin zum Wasser beugt, erkennt es an seinem Spiegelbild, selbst ein stolzer und prächtiger Schwan zu sein. »Nun fühlte es sich glücklich über alle die Not und die Drangsal, welche es erduldet hatte. Nun erkannte es sein Glück an all der Herrlichkeit, die es überall begrüßte. Und die großen Schwäne umschwammen es und streichelten es mit dem Schnabel.« »So viel Glück habe ich mir nicht träumen lassen, als ich noch das hässliche Entlein war« – und mit diesem Satz schließt das Märchen.

*

Das Märchen vom hässlichen Entlein handelt zunächst von einem unglücklichen Kind. In Gestalt des Entleins zeichnet es das archaische Bild eines Außenseiters, der *anders* ist als die anderen und deswegen von allen verstoßen und gehänselt wird. Nur die »gute Mutter« liebt es trotz seiner Hässlichkeit, aber auch sie kann das Unheil nicht verhindern, das es auf seiner Odyssee zunächst erwartet. Sogar seine Geschwister wünschen ihm den Tod.

Kindern fällt es leicht, sich mit dem Entlein und seinem Unglück zu identifizieren. Auch sie machen häufig die Erfahrung, von anderen *ausgeschlossen* zu werden, von Geschwistern, beim Spiel mit anderen Kindern und sogar von Freunden oder auch, wenn ihre Eltern manchmal miteinander tuscheln oder untereinander Gespräche führen, die sie noch nicht verstehen können. Auch in Kita und Schule werden sie manchmal wie das hässliche Entlein gehänselt – für ihr Aussehen, ihr Verhalten oder ihre schlechten Leistungen. Und oft machen sie sich, wie auch das hässliche Entlein, selbst verantwortlich dafür, dass man sie nicht mag, über sie hinwegsieht oder allein und im Stich lässt.

In seiner tiefen Einsamkeit, die das Entlein verspürt, wagt es sich, wie andere Kinder in so vielen Märchen, zunächst *allein* in die weite Welt hinaus. Es findet sich mit seinem Schicksal nicht einfach ab, sondern macht sich auf Wanderschaft und sucht, wenn zunächst auch vergeblich, unterwegs seinem Unglück zu entfliehen. Denn auch dort in der Fremde lauern noch weitere Gefahren. Ein zwielichtiges Angebot zweier Wildgänse, die vom Jäger sogleich erschossen werden, es trifft auf Menschen, die Interesse an ihm heucheln, aber es nur ausnutzen wollen und es schließlich erneut verstoßen. Es wird von einem Bauern, der es anfangs gut mit ihm meint, im Winter vor dem Erfrieren gerettet, aber weil es sich bei ihm zu Hause ungeschickt anstellt und alles falsch macht, erneut vor die Tür gesetzt.

In seinem ganzen Unglück bis hin zu dem Wunsch, sterben zu wollen, zieht es das hässliche Entlein immer wieder zu den Schwänen hin, in denen es sich offensichtlich wiedererkennt. So stolz und glücklich wie sie will es auch sein! Dass es selbst ein kleiner Schwan ist, erkennt das hässliche Entlein erst ein Jahr später an seinem eigenen Spiegelbild. Seine nach langer Irrfahrt neu gefundene Identität erlaubt es ihm, kein Außenseiter mehr zu sein, und sichert ihm die Gemeinschaft derer, die es endlich fürsorglich und mit Freude so akzeptieren und annehmen, wie es ist.

Wie viele andere spielt auch dieses Märchen mit den Wünschen jedes Kindes, dass ihm seine nächste Umgebung Vertrauen, Sicherheit, Anerkennung und Resonanz gewährt. Nur so kann ein Kind glücklich sein, erzählt das Märchen seinen kleinen Zuhörern, die dies, ohne dass es offen ausgesprochen wird, für sich genauso empfinden. Und die sich, wie das hässliche Entlein, selbst irgendwann vom unmittelbaren Schutz und der Geborgenheit der Mutter oder des Vaters verabschieden müssen, um sich in die große weite Welt aufzumachen, wo sie lernen müssen, mit den Unwägbarkeiten des Lebens umzugehen, auch wenn sie ihnen vielleicht nicht ganz so drastisch begegnen wie dem hässlichen Entlein. Am Ende aber findet auch das hässliche Entlein zu sich selbst und gewinnt in der Gesellschaft anderer Schwäne sein *Ansehen* buchstäblich zurück. Sein Unglück verwandelt sich in Glücksempfinden, weil es von den anderen als *gleichwürdig* angenommen wird. Es kehrt in seine wahre Familie zurück und findet dort ein Glück, das es sich vorher niemals erträumt hätte. Dies entspricht dem Wunsch aller Kinder, unabhängig von dem, wie sie sich selbst oder andere sie sehen und was ihnen im Leben auch zustößt, in den sicheren Hafen eines eigenen Zuhauses zurückzufinden, hin zu denen, die es lieben und ihm mit Respekt und Zuneigung begegnen. Mit seinem Durchhaltevermögen und obwohl es sich unterwegs immer wieder einsam und schwach fühlt und sogar sterben will, ist es dem hässlichen Entlein, indem es bei anderen Respekt und Anerkennung findet, gelungen, am Ende doch noch glücklich zu werden.

Brüder Grimm: Aschenputtel

Aschenputtel gehört weltweit zu den wohl beliebtesten und erfolgreichsten Märchen. Von ihm gibt es unzählige Versionen, ob in Büchern, aus denen Kinder von ihren Eltern abends vorgelesen bekommen, in Filmen oder Theaterstücken. Im Folgenden soll es darum gehen, was auch dieses Märchen uns, bezogen auf das Thema dieses Buches, zu sagen hat – außer dass es, wie nahezu alle Märchen, gut ausgeht und schon auf diese Weise unglücklichen Kindern Trost und Hoffnung spendet. Auch hier geht es um ein zunächst sehr unglückliches Kind, das sein Unglück schließlich aus eigener Kraft und mit großer Beharrlichkeit und Hilfe anderer, Tiere wie Menschen, überwindet.

Zu Beginn des Märchens stirbt Aschenputtels Mutter, die ihrem »einzigen Töchterlein« auf dem Sterbebett verspricht, weiterhin »vom Himmel herab auf sie zu blicken und um sie zu sein«. Ersetzt wird die Mutter schon kurz nach ihrem Tod durch eine Stiefmutter, die ihre eigenen Kinder, zwei schöne, aber »garstige« Töchter, mit in die neue Familie einbringt, womit Aschenputtels Martyrium seinen Anfang nimmt: »Da brach eine schlimme Zeit für das arme Stiefkind an.« »Was will der Unnütz in den Stuben«, werfen ihr die Stiefgeschwister vor, »wer Brot essen will, muss es erst verdienen, fort mit der Küchenmagd.«

Aschenputtel muss fortan schwere Arbeit verrichten und wird dabei von ihren Schwestern, wie man heute sagen würde, ständig weiter »gedisst«. Sie nehmen ihr die schönen Kleider weg und tragen sie selbst; ihr Platz wird fortan nah beim Herd in der Asche sein – daher ihr Name.

Als der König in der Nähe ein Fest ausrichtet, um einen seiner Söhne zu verheiraten, will auch Aschenputtel ebenso wie ihre beiden Schwestern die Feier besuchen, um dort am Tanzvergnügen mit dem Königssohn teilzunehmen, was ihr von ihrer Stiefmutter aber verboten wird. Um Trost bei ihrer eigentlichen Mutter zu finden, besucht Aschenputtel deren Grab, wo ihr ein Vogel von dem für ihre Mutter eigens eingepflanzten Baum ein »silbernes Kleid« zuwirft. Schön gekleidet und trotz des Verbots besucht Aschenputtel das Fest, wobei weder die Stiefmutter noch deren Töchter sie in ihrer prunkvollen Aufmachung erkennen. Der Königssohn sucht jetzt nicht ihre Stiefschwestern, sondern sie aus, um mit ihr zu tanzen und sie vielleicht zu seiner Frau zu nehmen. Nachdem Aschenputtel noch mehrere Prüfungen ihres Mutes und ihrer Beharrlichkeit bestehen muss, kann sie mithilfe des Bäumchens auf dem Grab ihrer Mutter und der Vögel, die ihr weiterhin zur Seite stehen, ihre Stiefmutter und zwei Stiefgeschwister immer wieder überlisten. Am Ende reitet der Königssohn mit ihr fort, um sie, und nicht eine ihrer beiden bösen Stiefschwestern, zu heiraten.

*

Neben einer Reihe von anderen Aspekten, die wir hier nicht ansprechen, dreht sich das Märchen *aus der Sicht eines Kindes* um zwei elementare Konflikte, die jedes Kind im Verlauf seiner Entwicklung durchmacht.

Zum einen geht es um das Bild der guten und der bösen Mutter. Da gibt es die leibliche »gute Mutter«, die bei ihrem Tod verspricht, auch weiterhin immer für die Tochter da zu sein und sie vom Himmel herab zu beschützen. Aus dieser Vorstellung bezieht Aschenputtel offensichtlich ihre Kraft, die sie davor schützt, sich ganz ihrem unglücklichen Schicksal zu ergeben. Täglich besucht sie das Grab ihrer gestorbenen Mutter, was zum Ausgangspunkt dafür wird, dass auch dieses Märchen gut endet. Die »böse Mutter« wird, wie in so vielen anderen Märchen auch, von der Stiefmutter verkörpert. Sie drangsaliert Aschenputtel, verrät und demütigt sie.

Mit dem Bild einer »guten« und »bösen« Mutter hat jedes Kind zu kämpfen, wenn es die Erfahrung macht, sich von seiner Mutter nach einer symbiotischen Phase in den Monaten nach seiner Geburt immer wieder trennen zu müssen. Oft empfindet es das Kind innerlich als Ablehnung, wenn seine Mutter nicht immer für es da sein kann, ebenso, wenn es in die Krippe kommt und seine Mutter fortan nicht mehr immer bei sich haben kann. Ablehnung verspürt es aber auch, wenn es die Liebe seiner Eltern mit einem neuen Geschwister teilen muss, oder in ganz alltäglichen Dingen, wenn es nicht essen will, was es essen soll, oder nicht dahin gehen darf, wo es hinwill. Es geht nicht darum, dass diese Konflikte, in die jedes Kind gerät, wirklich schlimm für seine weitere Entwicklung sind. Dies ist keineswegs der Fall. Und selbstverständlich sind sie auch nicht mit dem Verhalten der Stiefmutter, wie es im Märchen beschrieben wird, annähernd vergleichbar. Aber ein Kind, das von seiner Mutter (oder seinem Vater) zurückgewiesen oder ausgeschimpft wird, fühlt sich in diesem Moment meistens ungerecht behandelt, besonders wenn es noch klein und machtlos ist. Denn eigentlich wollen kleine Kinder es ihren Eltern, auf die sie angewiesen sind, doch immer recht machen.

Gerade weil Märchen Verlust- und Verlassenheitsängste, und dies oft in drastischer Form, auf den Punkt bringen, erkennen sich Kinder in dieser Welt, die ihre eigenen Konflikte spiegelt, häufig wieder. Hier werden Ängste und Unglück nicht verschwiegen, weggeredet oder verniedlicht, sondern auf den Punkt gebracht. Märchen sprechen das aus, was Kinder fühlen, sich aber nicht zu sagen trauen, schon gar nicht den eigenen Eltern. Deswegen können sie sich – stellvertretend für sich selbst – mit den kleinen Märchenhelden und ihrem Schicksal identifizieren, weil deren Schmerz und Kummer in ihrer Vorstellung eigenem Schmerz und Kummer, den sie manchmal empfinden, entsprechen.

Im Märchen vom Aschenputtel kommt der bösen Schwiegermutter die Rolle des strafenden Elternteils zu, wobei das Bild der »guten Mutter« bestehen bleibt. Sie hilft Aschenputtel dabei, ihr Schicksal in die eigenen Hände zu nehmen und eine begehrenswerte Frau zu werden. Aschenputtel hat trotz ihres zunächst unglücklichen Schicksals am Bild der »guten Mutter« festgehalten und wie in so vielen anderen Märchen besiegt am Ende auch hier das Gute das Böse.

Den zweiten inneren Konflikt eines Kindes spricht die in dem Märchen geschilderte Geschwisterrivalität an.

Die Geburt eines Geschwisters empfindet das ältere Geschwister oft als *Ablehnung* und kann bei ihm eine wahre Existenzkrise hervorrufen. Bislang war es auf seine Weise einzigartig und stand immer im Mittelpunkt, auch in Konfliktsituationen. Alles konzentrierte sich auf es und sein Empfinden. Diese Position nimmt das Kind bei der Geburt eines Geschwisters nicht mehr ein. Egal, wie sich seine Eltern auch bemühen, das Kind wird zu einem unter anderen und verliert den Eindruck, für seine Eltern einzigartig auf der Welt zu sein. Seine Eltern können sich bemühen, wie sie wollen, aber mit diesem unglücklichen Gefühl muss das Kind zunächst allein fertigwerden. Im Märchen wird die Bedrohung, die von einem neugeborenen Geschwisterkind ausgeht, über die Rolle der beiden Stiefschwestern und deren Verhalten drastisch beschrieben. In Wirklichkeit geht es in den allermeisten Familien natürlich nicht so zu, aber im Innern des betroffenen Kindes und seiner Phantasie durchaus. Wenn sich die Mutter nur noch – in den Augen des Kindes – um sein kleines Geschwister kümmert, was gar nicht der Fall sein muss und in den meisten Fällen ja auch nicht der Fall ist, fühlt sich das Kind von ihr zurückgestoßen. Wenn Mutter oder Vater das Geschwisterkind loben, denkt das Kind vielleicht, dies geschieht, weil das Geschwisterkind schöner und besser ist als es selbst. Aus der therapeutischen Arbeit mit Kindern wissen wir, dass starke Verlustängste des Kindes, von seinen Eltern bei der Geburt eines Geschwisters fallengelassen zu werden oder unbeachtet zu bleiben, bei manchen Kindern durchaus Vernichtungsphantasien entstehen lassen können, die am Ende des Märchens, wenn den beiden mit Aschenputtel rivalisierenden Stiefgeschwistern die Augen ausgehackt werden und sie erblinden, drastisch zum Ausdruck gebracht werden. Kinder, denen man dieses oder andere Märchen vorliest, finden sich bei solchen oft übertrieben grausam geschilderten Szenen durchaus angesprochen, weil sie manchmal den eigenen Phantasien ähneln. Sie fühlen sich von eventuellen Schuldgefühlen befreit, weil schließlich andere und nicht sie selbst die bösen Taten begehen.

Kleinen Kindern, die von diesem Märchen nicht genug hören können, aber vermittelt es vor allem, dass man mit dem Glauben an eine »gute Mutter« (und vielleicht ebenso mit einem »guten Vater«) ungerechte Behandlung, Geschwisterrivalität und eigenes Unglücklichsein überwinden kann, um dann – wie Aschenputtel – am Ende wieder glücklich zu sein.

Brüder Grimm: Hänsel und Gretel

Auch das Märchen *Hänsel und Gretel* ist den meisten Kindern und Erwachsenen bekannt. Es erzählt die Geschichte von zwei Geschwistern, die in einem armen Elternhaus aufwachsen und von ihren Eltern eines Tages im Wald zurückgelassen werden, weil sie ihre Kinder nicht mehr ernähren können. Dort treffen Hänsel und Gretel auf eine Hexe, die sie mit Süßigkeiten anlockt, um sie einzusperren und danach zu verspeisen. Mit einer List können sich die beiden Kinder aus ihrer Gefangenschaft befreien, die Hexe in ihrem eigenen Ofen verbrennen und kehren am Ende sorgenfrei mit Edelsteinen und Perlen beladen nach Hause zurück.

*

Im Gegensatz zum Geschwisterkonflikt im vorangegangenen Märchen helfen sich bei *Hänsel und Gretel* zwei Geschwister gegenseitig, um ihrem Unglück, nämlich von ihren Eltern verstoßen und von einer Hexe aufgefressen zu werden, zu entgehen. Auch dieses Märchen spricht Gefühle und Ängste an, die sich im Inneren eines Kindes abspielen und die es stellvertretend für sie zum Ausdruck bringt.

Dieses Mal geht die Bedrohung für die Kinder von gleich zwei Mutterfiguren aus, die *beide* böse sind. Die leibliche Mutter der Kinder schlägt dem Vater vor, sie im Wald auszusetzen, um sie loszuwerden, was Gretel, als sie dies mithört, in Angst und Schrecken versetzt. Die Hexe wiederum lockt die Kinder wie eine Mutter mit Süßigkeiten und einem schön gemachten Bett, nur um sie anschließend verspeisen zu wollen.

Dass ihre Eltern sie verstoßen, ist eine Urangst von kleinen Kindern, weil sie wissen, dass sie ohne ihre Eltern nicht überleben können. Ihre Verlustangst muss dabei gar nicht wie im Märchen einen konkreten Anhaltspunkt haben, aber in ihrer Phantasie finden sie genügend Anlässe – Eltern holen sie nicht rechtzeitig von der Kita ab, sind nicht da, wenn sie nach Hause kommen, oder sagen im Zorn manchmal Sätze wie »Das Beste wäre, es gäbe euch nicht«, auch wenn sie es natürlich nicht so direkt meinen. Aber besonders jüngere Kinder nehmen solche Sätze oft wörtlich.

Eltern können auch finanzielle Sorgen wie die von Hänsel und Gretel haben, und die Kinder spüren die angstbesetzte Atmosphäre zu Hause und fragen sich, wie alles weitergehen soll, wenn die Mutter oder der Vater keine Arbeit mehr findet. Andere Eltern trennen sich, und das Kind fürchtet, dass auch der zurückgebliebene Elternteil es verlassen könnte. Und je weniger Kinder das Bild einer guten Mutter oder eines guten Vaters in sich tragen, je weniger sie eine gute Bindung zu ihnen entwickeln konnten, umso stärker sind ihre Ängste.

Gretel bekommt mit, dass ihre Mutter sie und ihren Bruder aussetzen will – ihr Urvertrauen in die Mutter und das Gefühl, von ihr beschützt zu sein und umsorgt zu werden, sind damit tief erschüttert. Es bleibt noch ein tröstlicher Rest von Vertrauen für den Vater, der dem Vorhaben der Mutter mehrmals widerspricht, aber zu schwach ist, sich für seine Kinder starkzumachen. Das mangelnde Vertrauen der Kinder in ihre eigenen Eltern lässt Hänsel und Gretel in ihrer aussichtlosen Lage, den Weg nach Hause nicht mehr zurückfinden zu können, unvorsichtig werden. Sie lassen sich von einer Hexe mit Süßigkeiten anlocken und stopfen sich damit voll, wohl auch, um ihre Ängste und ihren Kummer zu besiegen, von ihren Eltern fortgeschickt und verlassen worden zu sein. Die Hexe vermag sie zu verführen, weil sie darüber hinaus wie eine gute Mutter für sie sorgt, ihnen ein schönes Bett macht und leckeres Essen gewährt. Weil Hänsel und Gretel aber bald ihre wahren Absichten erkennen, können sich die beiden Kinder mithilfe einer List aus dieser für sie gefährlichen Situation befreien. Dafür werden sie mit Edelsteinen und Perlen belohnt. Ihre Sehnsucht nach ihren Eltern ist trotz der boshaften Mutter und des sie gewähren lassenden Vaters immer noch so stark, dass sie am Ende zu ihnen zurückkehren. Die Mutter, die den Plan, sie loszuwerden, ausgeheckt hat, ist inzwischen aber gestorben, und damit ist das Böse aus ihrem Leben verschwunden.

Viele Kinder, die dieses Märchen hören oder erzählt bekommen, werden hoffen und sich vielleicht ausmalen, dass der Vater von Hänsel und Gretel bald eine gute Mutter für sie findet, die sie liebt und für immer beschützt. Im Gegensatz zu anderen lässt dieses Märchen ein solches versöhnliches Ende allerdings offen. Es bleibt den Kindern also nur die *Vorstellung*, dass am Ende alles wieder gut wird, zumal sie den Vater von seiner Armut mit ihren neu gewonnenen Schätzen befreit haben. Was bleibt, ist der Gedanke, dass Kinder, die ihr Schicksal schlau und mutig selbst in die Hand nehmen, am Ende dafür entsprechend auch belohnt werden.

Der Reiz auch dieses Märchens besteht darin, dass es archaische Ängste von Kindern zur Sprache bringt, in diesem Fall, von ihren Eltern verstoßen zu werden. Auch hier sind die Charaktere der handelnden Personen bis auf Ausnahme des Vaters recht eindeutig angelegt. Dies entspricht den Vorstellungen von Kindern im Märchenalter, für die »eine Person entweder gut oder böse, aber nichts dazwischen« ist.[18] Ambivalenzen zu erkennen und zuzulassen gelingt Kindern erst, wenn sie in der Lage sind, Widersprüchliches auf der Grundlage eigener Erfahrungen und Empfindungen zuzulassen. Es ist das Alter, in dem sie sich von der märchenhaften Vorstellung trennen, dass es im Leben nur Gutes und Böses gibt, und lernen müssen, auch mit dem Dazwischen zurechtzukommen.

Delia Owens: Der Gesang der Flusskrebse

Im abschließenden Beispiel geht es um ein Buch, das für erwachsene Leser und Leserinnen geschrieben wurde. Seinen außergewöhnlichen Erfolg verdankt es offensichtlich dem Umstand, dass es eine

Reihe von Motiven und Themen aufgreift, die wir ebenso in vielen Kindermärchen finden. Im Mittelpunkt steht auch hier ein einsames Kind, das in einem armen Zuhause aufwächst, von seinen Eltern verlassen wird und sich fortan allein durchs Leben schlagen muss.

Wie schon bei *Das hässliche Entlein* beginnt der Roman mit der Beschreibung einer Idylle: »Marschland ist ein Ort des Lichts, wo Gras in Wasser wächst und Wasser in den Himmel fließt. Träge Bäche mäandern, tragen die Sonnenkugel mit sich zum Meer, und langbeinige Vögel erheben sich mit unerwarteter Anmut – als wären sie nicht fürs Fliegen geschaffen – vor dem Getöse Tausender Schneegänse«.[19] Das Marschland mit seinen hellen und dunklen Tagen ist die Heimat von Kya Clark, der Hauptfigur des Romans, hier wird sie hineingeboren, hier wächst sie auf und wird sie zeitlebens nicht mehr verlassen.

Als Kya sechs Jahre alt ist, wird sie Zeuge, wie ihre Mutter das heruntergekommene Haus, in dem sie zusammen mit ihrem Vater und ihren vier fast schon erwachsenen Geschwistern aufgewachsen ist, von einem Tag auf den anderen auf Nimmerwiedersehen verlässt. Kurze Zeit später machen sich auch ihre älteren Geschwister aus dem Staub, ein älterer Bruder gibt ihr noch ein paar Ratschläge mit auf den Weg, wie sie in der Wildnis überleben kann. Mit ihrem Vater, einem gewalttätigen und unberechenbaren Trinker, der unfähig ist, sich um sie zu kümmern, bleibt sie allein zurück.

Um überleben zu können, organisiert das sechsjährige Mädchen den Haushalt, wie sie es von ihrer Mutter gelernt hat. Ihr Vater ist nur selten zu Hause. Immer wieder hofft sie, dass ihre Mutter, die sie verlassen hat, zu ihr zurückkommt, aber das tut sie nicht. Auch nicht an dem Tag, an dem Kya glaubt, Geburtstag zu haben und sieben zu werden. Stattdessen feiert sie ihn zusammen mit einer Möwe, die sich neben sie gesetzt hat, um ihr an diesem besonderen Tag offensichtlich Gesellschaft zu leisten.

Als Kya in die Schule kommt, wird sie von den anderen Kindern wegen ihres ärmlichen Aussehens und ihrer Unwissenheit drangsaliert und immer wieder gedemütigt, worauf sie die Schule wieder verlässt, und dies für immer. Ihr bleiben die Vögel und andere Tiere, die zu ständigen Begleitern ihres Lebens werden, denen sie vertraut und mit denen sie sprechen kann, wenn sie sich einsam fühlt. Noch immer denkt sie jeden Tag an die Mutter, die sie verlassen hat, und hofft noch viele Jahre später auf ihre Rückkehr. Aber in der Natur der Marschlandschaft, wo sie täglich unterwegs ist, den Tieren lauscht, sie beobachtet und Muscheln und Federn sammelt, findet sie, wie sie selbst sagt, eine neue Mutter, die sie lehrt, was man zum Leben braucht, die sie ernährt, beschützt und umsorgt: »Die Marsch ist die einzige Familie, die ich hab.«[20]

*

Die Angst, dass ihre Eltern sie verlassen, wovon auch in dieser Geschichte die Rede ist, empfinden alle kleinen Kinder, auch wenn sie sie nicht in Worten ausdrücken können. Instinktiv wissen sie, dass sie ohne Eltern nicht überleben können. Aber auch wenn Kinder älter werden, ein Elternteil sie verlässt oder stirbt, können diese Urängste reaktiviert werden. »Wo bist du jetzt, Ma. Warum hast du nicht zu mir gehalten?«[21] – diese Frage stellen sich wie Kya auch Kinder, selbst wenn sie nur in ihrer Phantasie fürchten, von ihren Eltern verlassen zu werden. Allein das Gefühl, dass es passieren *könnte*, lässt sie anhänglich werden und manchmal unglücklich, wenn sie merken, dass Eltern nicht immer zu ihren Kindern halten und sie begleiten können.

Auch wenn Kya lange nicht verstehen kann, wie es sein kann, dass eine Mutter ihr Kind einsam und verloren zurücklässt, bleibt das Verhältnis zu ihr ambivalent. Eine solche ambivalente Haltung kommt in den klassischen Märchen, die sich an Kinder wenden und die streng zwischen »gut« und »böse« unterscheiden, so nicht vor. Einerseits glaubt Kya weiterhin fest an ihre Rückkehr, andererseits muss sie sich verständnislos eingestehen, tatsächlich von ihr verlassen worden zu sein.

Trost und den Willen zu überleben findet Kya in der Natur, wobei ihr, auch dies wie in vielen Märchen, die Tiere und die Natur, die sie über alles liebt, Gesellschaft leisten. Beide werden zu ihren Gesprächspartnern und schützen sie davor, völlig zu vereinsamen. Auch unglückliche Kinder suchen sich oft Hilfe bei ihren Haustieren – ob Hund, Meerschweinchen oder Kanarienvogel –, die für sie zu einem treuen Begleiter werden und denen sie etwas anvertrauen können, was sie nicht wagen, ihren Eltern zu gestehen.

Auf ihrem Weg ins Leben findet Kya dennoch einige wenige Menschen, die sie lieben und ihr dabei helfen, als einsames und verlassenes Kind zu überleben – auch diese Phantasie beschäftigt viele Kinder, wenn sie sich unglücklich und verlassen fühlen, selbst wenn ihre Eltern ihnen Geborgenheit und Sicherheit geben. Kinder spielen gern, »als ob« sie allein und unglücklich wären und sie dann jemanden treffen, der sie rettet, wenn auch nur in ihrer Vorstellung.

Am Ende ihrer Odyssee ins Leben findet sich für Kya kein Prinz, der sie erlöst, und es wartet kein Königreich auf sie. Ihr Unglück, das begann, als sie noch ein kleines Mädchen war, hat zu tiefe Spuren hinterlassen, um in ein »normales« Leben zurückzufinden. Dennoch aber gibt es wie im Märchen auch in diesem Roman jemanden, der sie immer wieder vor dem Schlimmsten bewahrt, und mit dem sie am Ende doch »fast so etwas wie Glück«[22] empfinden kann, ein Gefühl, gegen das sie sich, aus der Angst heraus, es immer wieder zu verlieren, fast ihr ganzes Leben gewehrt hat.

6. Kapitel

Vom Glück des Kindes, über sein Schicksal selbst bestimmen zu dürfen

Glück und der freie Wille eines Kindes (Jean-Jacques Rousseau)

Nur sein freier Wille macht das Kind glücklich – das wusste vor über 250 Jahren bereits der Schriftsteller, Philosoph und Pädagoge Jean-Jacques Rousseau. Eine Erziehung, die dem Kind seinen freien Willen lässt, um sich selbständig seine Welt zu erobern, schenkt ihm Freiheit und Glück. »Der einzige, der nach seinem eigenen Willen handelt, ist der, der zu seiner Unterstützung keinen fremden Arm braucht; folglich ist das erste aller Güter nicht die Autorität, sondern die Freiheit. Der wahrhaft freie Mensch will nur das, was er kann, und tut nur, was ihm passt. Das ist mein oberster Grundsatz. Er braucht nur auf die Kindheit angewandt zu werden, und alle Erziehungsregeln werden sich daraus ableiten lassen.«[23]

Rousseaus Kulturkritik hebt in diesem Zusammenhang den schädlichen Einfluss der Gesellschaft und Erwachsenen hervor, den freien Willen des Kindes zu brechen. Eltern und Schule wollten das Kind nach *ihren Maßstäben* formen und ihm so seine Freiheit nehmen, sich die Welt entlang seines Willens, seiner Vorstellungen und Gefühle anzueignen: »Eltern, die im gesellschaftlichen Zustand leben, stellen das Kind vorzeitig in es hinein. Sie suggerieren ihm mehr Bedürfnisse, als es hat (...).«[24] Aber die Kindheit, so lesen wir weiter bei Rousseau, »ist etwas uns völlig Unbekanntes«, sie »hat ihre eigene Weise zu sehen, zu denken und zu empfinden. Nichts ist unsinniger, als ihr die unsrige unterschieben zu wollen.«[25] Das Kind soll ohne Fremdbestimmung und ohne den Versuch, ihm Bedürfnisse zu unterstellen, die es gar nicht hat, seinem eigenen Entwicklungsweg folgen dürfen.

Rousseaus Plädoyer, dem Kind seinen eigenen Willen zu lassen, beruht auf seiner Grundüberzeugung, dass ein Kind bei seiner Geburt von Natur aus gut ist: »Alles, was aus der Hand des Schöpfers kommt, ist gut, alles entartet unter den Händen des Menschen«,[26] so lautet der erste Satz seines Erziehungsromans *Emile oder Über die Erziehung*. Die dem Kind von der Natur mitgegebenen ursprünglichen Absichten, die seine Gedanken und sein Handeln leiten, sind deswegen gut. Erst unter dem Einfluss von gesellschaftlichen Normen und Vorgaben verliert das Kind seine natürliche Unschuld: »Anstatt einen Menschen für sich selbst zu erziehen«, will man ihn »für den anderen erziehen«.[27] So wird der Wille des Kindes durch den Willen derer ersetzt, die über das Kind bestimmen und es auf diese Weise von sich abhängig machen. Die Erwachsenen lassen es zu einer »wandelnden Puppe«[28] werden, die an ihren Fäden, seines eigenen Willens beraubt, hängt und entsprechend denkt und handelt.

Die Grundsätze, die Rousseau in seinem *Emile* vertritt, dem Kind seinen freien Willen zu lassen und ihm keine Bedürfnisse aufzudrängen, die es gar nicht hat, lassen sich auch auf das Glücksempfinden eines Kindes übertragen. Wir, die Erwachsenen, sollen es nicht nach unseren Glücksvorstellungen formen, sondern ihm sein noch unverstelltes »natürliches« Glücksempfinden lassen.

Dies aber gilt auch dafür, dass wir einem Kind, das sich unglücklich fühlt, nicht von außen in *seine* Gefühlswelt hineinreden und ihm sofort Maßstäbe und entsprechende Schritte empfehlen, damit es wieder glücklich wird.

Dem Kind seinen eigenen Willen zu lassen, bedeutet nicht, dass es immer tun kann, was es gerade will. Rousseaus Plädoyer für eine »natürliche Erziehung« hat nichts mit antiautoritärer Erziehung oder einer rein bedürfnisorientierten Erziehung zu tun, wie sie heute von manchen gefordert wird, sondern zielt darauf ab, ein Kind so zu akzeptieren und anzuerkennen, wie es ist und wie es sich fühlt, was bestimmte Regeln nicht ausschließt, an die es sich zu halten hat. Denn ein Kind, das weiß auch Rousseau, lebt nicht als Solitär in unserer Gesellschaft, sondern muss sich immer auch zusammen mit anderen in seiner Welt zurechtfinden. Was uns, die Erwachsenen in ihrer Verantwortung, sein Überleben zu sichern und Schaden von ihm abzuwenden, nicht daran hindern darf, einem Kind so weit wie möglich seinen ihm eigenen Willen zu lassen und es als ein autonomes Wesen zu behandeln.

Ihm seinen natürlichen Willen zu brechen, so lässt sich im Anschluss an die Maximen, die Rousseau für eine kindgerechte Erziehung fordert, zusammenfassen, macht das Kind nicht nur schwach, sondern auch unglücklich. Das Kind, dem verwehrt wird, in ein freies Feld zu laufen, das vor ihm liegt, das man daran hindert, an seinem eigenen Können zu wachsen, dem ständig gesagt wird, was es zu tun und zu lassen hat, *ist* unglücklich. Vielleicht wehrt es sich anfangs noch spontan gegen die Anweisungen seiner Eltern und Lehrer, die versuchen, seinen Willen zu brechen, doch letztlich wird es ihnen folgen, weil es körperlich unterlegen oder von ihnen und ihren Urteilen über viele Jahre hinweg abhängig ist. Es resigniert mit der Zeit, anderen gegenüber seine wirklichen Gefühle zu zeigen.

Ein Kind, das sich ständig dem Wohl seiner Eltern und den Forderungen seiner Umgebung unterwerfen muss, das sich ständig verstellen muss, um jemandem zu gefallen, das sich nicht mögen darf, wie es ist, verliert langsam das Gefühl für sich selbst. Es handelt fortan wie im Auftrag von jemandem und erfährt sich selbst nicht mehr als wirksam. So verliert es mit der Zeit auch das innere Erleben, sich glücklich oder unglücklich zu fühlen. Seine Gefühlswelt wird farb- und konturlos – es kennt weder Glück noch Unglück.

Das Recht des Kindes, so zu sein, wie es ist (Janusz Korczak)

Auch der polnische Kinderarzt und Pädagoge Janusz Korczak, bis 1942 Leiter eines polnischen Waisenhauses in Warschau, in dem hauptsächlich jüdische Kinder aus armen und ärmsten Verhältnissen betreut wurden, vertrat vehement die Auffassung, *vom Kind her zu denken*, statt es nur an den Urteilen und Sichtweisen von Erwachsenen zu messen. Kinder *aus sich heraus zu* verstehen bedeute auch, ihnen ihren freien Willen zu lassen.

In seinen vielfältigen Schriften, die neben pädagogischen Abhandlungen Kinderbücher, Theaterstücke oder Romane umfassten, findet sich immer wieder der Leitgedanke, dass ein Kind nur aus dem, was es selbst denkt, was es selbst empfindet und was es selbst gerade will, zu verstehen sei. Es gehe darum, sich ihm mit unserem Urteil aus der Erwachsenenwelt nicht aufzudrängen, sondern ihm vorurteilslos Gehör zu schenken, seinem gerade vorhandenen emotionalen Zustand nachzuspüren und ihm auf den Grund zu gehen. Das Kind sei von Geburt an, so Korczak, ein Mensch mit den gleichen Rechten und Pflichten wie jede und jeder Erwachsene auch. Letztlich müsse es über den Weg, den es einschlägt, selbst entscheiden.

Was nicht meint, ihm Hilfe und Unterstützung vorzuenthalten, wenn es sie braucht, aber seinen Willen zu respektieren, auch wenn dieser nicht immer dem Denken und Absichten des Erwachsenen entspricht. In *Die Erziehung des Erziehers durch das Kind* schreibt er: »Man darf das Kind nicht geringschätzen. Es weiß mehr über sich selbst als ich über das Kind. Es befasst sich mit sich selber in allen Stunden seines Wachseins.«[29]

In einem Brief vergleicht Korczak Kinder mit »Büchern, die in einer kaum bekannten Sprache geschrieben sind, Bücher, die etwas beschädigt sind, und denen einige Blätter fehlen.«[30] Sein Gesamtwerk und dieser schöne Vergleich bringt das Rätselhafte zur Sprache, das jedem Kind und seinem Denken und Verhalten innewohnt, hat aber auch mit den Kindern zu tun, die er und seine Mitarbeiterinnen im Waisenhaus betreuten. In der Regel waren es ja *unglückliche Kinder*, Kinder, die ihre Eltern verloren und auf der Straße gelebt hatten, oder Kinder von Eltern, die sich nicht um sie kümmern konnten. Im Waisenhaus ging es Korczak darum, zusammen mit ihnen eine lebendige Gemeinschaft zu gestalten, die ihnen ein Höchstmaß an Selbständigkeit ermöglichte, indem sie aktiv in alle Abläufe einbezogen wurden, ob es um die unter dem NS-Terror immer schwieriger werdende Befriedigung alltäglicher Bedürfnisse wie Nahrung, Sauberkeit oder geordnete Verhältnisse ging oder darum, den im jüdischen Ghetto gefangenen Kindern ein Mindestmaß an Sicherheit und Geborgenheit zu vermitteln. Dafür erfand er Märchen und Geschichten, die die Kinder aufmunterten und sie anspornten, auch von sich aus ihre eigenen Gefühle und Gedanken auszudrücken und darüber nachzudenken. Solange es noch möglich war, organisierte er Sommerfreizeiten, um den Kindern Abwechslung in ihrem Alltag im Waisenhaus zu verschaffen und ihnen immer wieder von neuem Mut zu machen, ihr Leben trotz aller widrigen Umstände auch zu genießen. Am

Ende wurde er 1942 zusammen mit ihnen ins Konzentrationslager Treblinka deportiert und dort ermordet. Er, der sich womöglich hätte retten können, hatte sie nicht verlassen wollen.

Bei allen seinen pädagogischen Bemühungen war Korczak niemals der Versuchung erlegen, Kinder zu idealisieren, was ihm hinsichtlich »seiner« vom Schicksal so schwer gezeichneten Kindern auch kaum möglich gewesen wäre. Konflikte unter ihnen, kleinere Diebstähle und Gehässigkeiten waren im Waisenhaus an der Tagesordnung. Um den Kindern aber selbst eine Stimme zu ermöglichen, errichtete er dort zusammen mit ihnen ein Gerichtswesen, wo sie bei alltäglichen Konflikten selbst über andere Kinder urteilen und Recht sprechen durften. Dies wiederum führte dazu, dass sich die Kinder untereinander damit auseinandersetzen mussten, was gut und was schlecht für ein Kind und die Gemeinschaft aller ist.

In seinem pädagogischen Hauptwerk *Wie man ein Kind lieben soll* bemängelte Korczak die Unfähigkeit von Eltern, ihr Kind auch dann zu ertragen, wenn es sie und ihre Vorstellung von ihm enttäuscht. Immer wieder betont er den Eigenwillen des Kindes und seine Unverfügbarkeit gegenüber allen pädagogischen Bemühungen, es erziehen oder nach den Maßstäben Erwachsener formen zu wollen. Was das Kind will und was es dabei empfindet, weiß nur das Kind selbst. So sei es »das erste und unbestreitbare Recht des Kindes, seine Gedanken auszusprechen und aktiven Anteil an unseren Überlegungen und Urteilen über seine Person zu nehmen«.[31]

Korczak verfolgte bei allem, was er über und für Kinder geschrieben hat, über kein theoretisches Konzept wie andere berühmte Pädagogen vor oder nach ihm. Vielmehr entwickelten sich seine Gedanken und Ansichten buchstäblich *aus der Mitte der Kinder heraus*, mit denen zusammen er über dreißig Jahre gelebt hat. Lediglich einmal fasst er seine Gedanken zur Erziehung eines Kindes in einer Art Forderungskatalog zusammen:

»Ich fordere«, so Korczak, »die Magna Libertatis als ein Grundgesetz für das Kind. Vielleicht gibt es noch andere – aber diese drei Grundrechte habe ich herausgefunden:

1. Das Recht des Kindes auf seinen Tod,
2. Das Recht des Kindes auf den heutigen Tag,
3. Das Recht des Kindes, so zu sein, wie es ist.«[32]

Mit dem »Recht auf den heutigen Tag« betont er das Recht des Kindes, in der Gegenwart zu leben und sich nicht ständig an dem orientieren zu müssen, was die Erwachsenen für seine Zukunft gutheißen. Mit dem »Recht des Kindes, so zu sein, wie es ist« geht es ihm darum, seine Einmaligkeit und Authentizität zu wahren. Letzteres zählt zu den existenziellen Bedürfnissen des Kindes, die ich an anderer Stelle dieses Buchs schon ausführlich vorgestellt habe. Irritierend wirkt lediglich das von Korczak zu Anfang ausdrücklich erwähnte Recht des Kindes »auf seinen Tod«.

Vielfach ist er an dieser Stelle missverstanden worden, denn natürlich geht es ihm nicht darum, einem Kind, das, aus welchen Gründen auch immer, vom Tod bedroht ist, nicht beizustehen, ihm zu helfen und es zu retten. Vielmehr will er damit, wenn auch mit ungewöhnlichen Worten, ausdrücken, keinem Kind seinen Freiheitswillen zu berauben, aus lauter Angst heraus, dass auch ein Kind sterblich ist. »Aus Furcht, der Tod könne uns ein Kind entreißen«, so Korczak, »lassen wir es nicht richtig leben. (...) Träge wie wir sind, wollen wir das Schöne nicht heute und hier suchen, um uns zum würdigen Empfang des morgigen Tages zu rüsten.«[33]

Es geht, mit anderen Worten, darum, zu akzeptieren, dass ein Kind in all seinen Wünschen und Gedanken, solange es klein ist, immer im Heute lebt: »Warum sollte denn das ›Heute‹ des Kindes schlechter und wertloser sein als sein ›Morgen‹?«[34] Es geht darum, das Kind *im Augenblick* leben zu lassen, mit all seiner Freude und auch seinem Kummer. An die Adresse derer, die ihre Kinder gerne als Projekt für ein Morgen erziehen wollen, ist seine Feststellung »Leben ist Wirklichkeit, nicht Vorausschau«[35] gerade heute hochaktuell.

Später hat Korczak zur Verdeutlichung seiner drei Grundgesetze aus der »Magna Libertatis« in einer kleinen Broschüre noch ein viertes Grundgesetz hinzugefügt, nämlich »Das Recht des Kindes auf Achtung«. Darin unterstreicht er noch einmal das Recht des Kindes, so sein zu dürfen, wie es ist, sein Recht auf den »heutigen Tag« und sein Recht, die Richtung seines Lebens selbst wählen zu dürfen. Noch einmal unterstreicht er hier die Notwendigkeit einer Pädagogik, die sich am Kind orientiert und nicht an den ihm auferlegten Normen aus der Erwachsenenwelt. Er fordert Respekt vor dem Kind und dessen Wunsch, über sich selbst zu bestimmen, und es nicht bedenkenlos an in der Gesellschaft vorherrschende Meinungen und Imperative anzupassen.

Beeinflusst durch die Umstände und die Zeit, in der er mit seinen Kindern im Waisenhaus verbrachte, hat Korczak nur wenig über die Glückserfahrung des Kindes geschrieben. Für ihn, der mit so vielen unglücklichen Kindern zu tun hatte und ihnen dennoch eine für ihr ärmliches und bedrohtes Leben positive Perspektive geben wollte, war dafür die Voraussetzung, das Kind so zu akzeptieren, wie es sich gerade fühlt. Dazu vergleicht er das Kind an anderer Stelle mit einem »Schmetterling über dem schäumenden Wildbach des Lebens« und fährt fort: »Wo ist das Glück und was ist es? Kennst du den Weg? Gibt es überhaupt jemand, der ihn kennt?«[36]

Das Kind muss sein Glück auf *seine* Weise finden, niemand kann es ihm einreden. Es ist *sein* Glück und nicht das der Erwachsenen oder seiner Eltern.

Glück und Weltoffenheit

In meinem letzten Buch habe ich darüber geschrieben, unter welchen Voraussetzungen ein Kind autonom und weltoffen werden kann. Dafür habe ich nicht die Form eines Ratgebers gewählt, sondern eine junge Frau von ihrer »Erziehung zur Weltoffenheit« erzählen lassen.[37] Von ihrer Geburt, ihren ersten Lebensjahren mitten in der Natur, von Schulerfahrungen und schließlich davon, wie sie langsam erwachsen wird. Zoe, 23 Jahre alt, vertraut ihr bisheriges Leben und ihre Erfahrungen dem Freund ihrer Eltern an, der sie seit ihrer Geburt kennt und begleitet. Einem Menschen und Gefährten, dem sie sich vorbehaltlos mitteilt, weil er ihr zuhört, ihr seine Ansichten und Meinung nicht aufdrängt, nur wenige Fragen stellt und sie, so, wie sie ist, bedingungslos akzeptiert.

»Als ich zur Welt kam«, erzählt Zoe ihm von ihrer Geburt, »wurde mir plötzlich alles ganz fremd. Lichter, Farben und Geräusche tauchten auf und verschwanden, schattenhafte Gestalten beugten sich über mich. Dann wurde mir kalt und ich fing an zu weinen. Doch schon bald spürte ich etwas Angenehmes, eine Stimme, die ich schon zu kennen meinte, Berührungen, die mich sanft umschlossen, und eine wohltuende Wärme um mich herum. (…) Dann erneut leise Stimmen. Worte, die immer näher zu mir herankamen, die ich nicht verstand, aber deren Klang es offensichtlich gut mit mir meinte. Das konnte ich damals schon genau heraushören.«[38] Mit diesem geradezu ozeanischen Gefühl, wie es Zoe in ihrer Erinnerung über ihre Geburt fiktiv beschreibt, inmitten dieser von Sicherheit und Geborgenheit geprägten Atmosphäre, schon damals so akzeptiert worden zu sein, wie sie auf die Welt kam, ist sie als Kind und später immer mehr in der Lage, sich die Welt allein auf sich gestellt und ohne den ständigen Rat ihrer Eltern zu erobern. Ihre Eltern schildert sie als liebevoll ihr zugewandt und stets präsent, was aber nicht bedeutet hat, dass sie sich niemals, auch später als Jugendliche und junge Erwachsene, einsam und unglücklich gefühlt hat.

Anders ist es für Kinder, die von Geburt an schon unglücklich sind. Ben, den Zoe das erste Mal in ihrer Kita trifft, ist so ein Kind. Sie erzählt: »Ben rennt. Ben rennt immer. Kann keine Sekunde stillhalten. Wenn man seinen Namen ruft, hört er ihn nicht. Wenn man ihn bittet, etwas zu tun, tut er das Gegenteil. Wenn man sich ihm nähert, versteckt er seine Augen hinter seinen Händen. Und manchmal schlägt und boxt er, wenn man auf ihn zuläuft. Auch, wenn man das nur macht, damit er mitspielt. Oft ist Ben dann für Tage verschwunden. Die Erzieherinnen tuscheln untereinander. ›Wo ist Ben?‹, frage ich sie. ›Er ist ja noch so klein wie ich und braucht jemanden, die sich um ihn kümmert.‹ Darauf haben sie mir nicht geantwortet und ich habe mir vorgestellt, Ben sitzt in einem Käfig und darf nur manchmal da raus. Oder er hat sich im Wald verlaufen und findet seinen Weg nicht mehr zurück.«[39]

Wenn er Zoe von seiner Geburt erzählt, klingt das ganz anders als bei ihr: »Einmal, als ich als Kind aufgewacht bin, hörte ich laute Geräusche um mich herum. Stimmen, die durcheinanderriefen und bedrohlich klangen. Mit einem Mal wurde ich hochgerissen und dann wieder fallengelassen. Es war kein Schweben und keine weiche Landung, wie du es mir von deiner Geburt erzählt hast, es war eher wie ein harter Schlag. Eine Art Aufprall. Ich sehe, wie sich schemenhafte Gestalten über mich beugen, und ich empfinde einen starken Schmerz auf meiner Haut, der bis ganz tief in mich hineinreicht. Heute spüre ich ihn immer noch. (…) Als Kind hatte ich eigentlich immerzu Angst vor diesem Schmerz. Angst, gesehen zu werden, Angst, gehört zu werden, Angst, so zu sein, wie ich war.«[40]

Wie die meisten unglücklichen Kinder macht auch Ben die Erfahrung, auf der Welt nicht willkommen gewesen und allein gelassen worden zu sein. Er selbst drückt das so aus: »Ich kannte viele Leute, aber Leute, die mich kannten, kannte ich nicht.«[41]

Eine Erfahrung, der er für lange Zeit nicht entkommen kann, ein Gefühl innerer Leere, die die Welt vor ihm unzugänglich werden lässt und sie ihm versperrt. Er fühlt, dass ihm überall Gefahr droht, dass niemand ihm zuhört und niemand ihn sieht. Er fürchtet, wehrlos verschlungen zu werden, wenn er sich nicht dagegen zur Wehr setzt, eine Erfahrung, die er schon früh als Kind machen musste. Kinder wie Ben, die ihr kindliches Unglück von Geburt an empfunden haben, tun sich schwer damit, später Glücksgefühle zuzulassen, weil sie für sie nie existiert haben. Im Gegenteil, sie fürchten glückliche Momente sogar als Bedrohung, aus Angst, erneut enttäuscht zu werden. Ihre einzige Chance besteht darin, auf einen Menschen zu treffen, der sie ungefragt so akzeptiert, wie sie sind. Der ihnen zuhört und ihr Unglück ihnen nicht sofort ausreden oder nehmen will. Ben trifft so jemanden: »Der saß auf seiner Bank im Garten und hörte mir einfach zu. Das war alles. Danach bin ich wieder allein losgezogen. Klar, es hat nicht viel gebracht. Aber er blieb wenigstens so eine Art Orientierungspunkt in meinem Leben, den ich sonst nicht hatte. Ein Zufluchtsort. Ein bisschen Ruhe.«[42]

Auch Zoe fühlt sich immer wieder unglücklich, zum Beispiel, wenn sie merkt, ihre Kindheit nach und nach zu verlieren und bald eine junge Frau zu sein: »Was würde aus mir, wenn ich einmal erwachsen wäre? Werde ich überhaupt so bleiben können, wie ich jetzt bin? Oder saugt, was mich umgibt, alles aus mir heraus und ich werde so wie all die anderen auch? Wer bin ich denn? Werde ich immer am selben Ort bleiben, den ich kenne, oder immer weiterziehen? Finde ich einen Halt in meinem Leben, bei mir selbst und anderen? (…) Wird die Angst weniger, wenn man erwachsen wird, kann ich dann nicht mehr traurig sein wie jetzt? Kann ich ohne Angst zu haben, wirklich glücklich sein? Angst davor, das

Glück irgendwann wieder hergeben zu müssen? (...) Dass etwas in mir stirbt und das Neue noch ganz im Werden ist, macht mich unsicher und etwas unbeholfen. Was, wenn mir meine Eltern irgendwann nicht mehr weiterhelfen können? (...) Würde ich meinen Weg ganz allein gehen können?«[43]

Zoes Glück besteht darin, dass sie anderen ihr Unglück mitteilen kann, dass man sie versteht, ohne ihr gleich mit einem Satz ins Wort zu fallen, den fast alle Kinder schon einmal so oder so ähnlich einmal gehört haben: »Das wird schon wieder! Mach dir mal keine Sorgen.« Denn eine Jugendliche, die traurig ist, wenn sie sich Gedanken um ihre Zukunft macht, um den Verlust von elterlicher Nähe, wenn man selbständig werden muss, Gedanken auch darüber, dass sie wie alle einmal sterben muss und vielleicht alles, was sie erlebt, am Ende gar nicht zählt, *ist* in diesem Moment unglücklich. Auch Zoe kennt solche Gedanken, die sie traurig und ängstlich werden lassen, wenn sie über ihre Zukunft nachdenkt. Reden Erwachsene auf Jugendliche ein und versuchen, sie möglichst und *sofort* vom Gegenteil ihrer unglücklichen Stimmung zu überzeugen, werden ihnen ihre eigenen Gefühle mit der Zeit fremd vorkommen. Sie werden ihrem Kummer umso mehr ausgeliefert sein, weil ihnen der Weg verbaut wird, Angst und Unglück *aus sich heraus* zu überwinden. Zoe jedoch hatte die Erfahrung gemacht, von Menschen umgeben zu sein, die ihr die Freiheit gaben, ihre Gefühle, sowohl Glück als auch Unglück, auszuleben, ohne ihr dafür Vorschriften machen zu wollen.

Sie selbst beschreibt ihre Form von daraus resultierender *Weltoffenheit* dann auch weniger als eine Eigenschaft, die Erziehung dem Kind rezeptartig vermitteln kann, sondern als eine *Haltung*, sich der Welt und den Menschen gegenüber nicht nur zugewandt, sondern auch vorurteilslos und offen zeigen zu können. Weltoffen zu werden bedeutet für sie, der Welt ohne vorgefasstes und vorgeformtes Denken zu begegnen, mit Neugierde, Verständnis und Empfänglichkeit für das, was einem fremd ist. Weltoffenheit zeige sich in der Bereitschaft, sich auf Unvorhergesehenes einzulassen. Eine Erziehung, die das Kind als ein authentisches Wesen respektiert, spiele dabei eine wesentliche Rolle, da war sie sich, auch im Rückblick auf ihre eigene Kindheit, ziemlich sicher. Sie sei aber kein Garant dafür, sich der Welt und ihren Unwägbarkeiten später ohne Angst und Zweifeln gegenüber zu öffnen. Weltoffenheit sei manchmal auch gefährlich, zerbrechlich und könne auch die, die sich in ihrer Kindheit so lange in Sicherheit gewähnt hätten, unglücklich machen.

Kinder, die sich nicht verstellen müssen

Was unglückliche Kinder überhaupt nicht brauchen, ist, dass ihnen eingeredet wird, sie seien es nicht. Unglückliche Kinder *sind* unglücklich, ob es uns als Eltern oder Erwachsene gerade passt oder nicht. Es zu verschweigen, darüber hinweg- oder die Situation schönzureden hilft ihnen nicht weiter. Natürlich ist es für Eltern nicht immer leicht, sich einzugestehen, dass ihr Kind unglücklich ist. Unglückliche Kinder können Schuldgefühle hervorrufen, besonders dann, wenn der Anlass, warum ein Kind unglücklich ist, nicht von heute auf morgen beseitigt werden kann. Aber gerade wenn dies der Fall ist und sich das Unglücklichsein des Kindes nicht spontan auf eine bestimmte Situation bezieht, die schnell wieder vorübergehen kann, ist es wichtig, das Unglück des Kindes anzuerkennen und ihm eine Stimme zu geben – die Stimme des Kindes selbst und nicht die des Erwachsenen. Erst dann können wir ihm unsere Hilfe anbieten.

Das eigene Unglück zum Ausdruck bringen zu dürfen, hilft einem Kind ungemein. Unglücklichsein hat aber auch in Kinderwelten nicht immer einen guten Ruf, oft sind die Helden in Filmen, Büchern, sozialen Medien und Computerspielen stark und mächtig. Da wird, wenn überhaupt, nur wenig geweint, und wenn, dann sind es nach gängigen Geschlechterklischees meistens die Mädchen und Frauen, was es Jungen oft noch schwieriger macht, sich eigenes Unglück zuzugestehen und es nach außen hin auch zu zeigen.

Dem Unglück eines Kindes dagegen freundlich und mit Wohlwollen zu begegnen, es nicht abzuwerten und kleinzureden, ihm im Gegenteil Aufmerksamkeit und Achtung zu schenken, befreit das Kind davor, es in seinem Inneren ein- und wegzusperren, sodass es sich früher oder später einen anderen Weg suchen muss, sich zu zeigen: in Ängsten, die grundlos scheinen, oder in Wutausbrüchen, weil das Unglück seinem inneren Gefängnis entkommen will. Auch hinter anderen psychischen und körperlichen Symptomen kann sich das Unglück eines Kindes verbergen, zum Beispiel bei Tics, Panikattacken, körperlicher Unruhe, Essstörungen oder anderen auffälligen Verhaltensweisen.

Wenn Eltern das Unglücklichsein ihres Kindes ernst nehmen, ist dies ein Zeichen für ihre eigene Stärke, Mitverantwortung zu übernehmen und es zum Anlass ihrer Zuwendung und ihres Handelns zu machen. Es geht dabei auch darum, eigene Ohnmachtsgefühle zu überwinden und dem Kind zu geben, was es gerade braucht: Anteilnahme, Verständnis und natürlich die Hoffnung, das Unglücklichsein gemeinsam überwinden zu können.

Kinder, die nicht lernen, ihre Gefühle zu kommunizieren, haben es auch später als Jugendliche und Erwachsene schwer, anderen ihre Gefühle mitzuteilen. Sie behalten sie für sich, fühlen sich dabei allein, unglücklich, verlassen und einsam, weil sie glauben, dass niemand ihnen helfen kann.

7. Kapitel

Zehn Gründe für das Recht des Kindes, unglücklich zu sein

Ich beschließe den ersten Teil dieses Buches, indem ich meine Ausführungen in den vorherigen Kapiteln in zehn Gründen zusammenfasse, die für das Recht eines Kindes sprechen, unglücklich sein zu dürfen.

1. *Dem allgegenwärtigen Glücksversprechen in unserer Gesellschaft zu entkommen, ist der erste Grund für das Recht eines Kindes, unglücklich zu sein.*
   Es gibt viele Anlässe, sich als Kind hin und wieder unglücklich zu fühlen. Das Glück eines Kindes liegt nicht auf der Straße, und Eltern und Erwachsene sollten nicht so tun, als sei kindliches Glück das Selbstverständlichste auf der Welt. Wenn Kinder sich immer glücklich fühlen müssen, was keine Erziehung leisten kann, überträgt sich das Glücksdiktat in unserer Gesellschaft auch auf sie.

2. *Kleine und jüngere Kinder sind auf ihre Eltern besonders angewiesen. Wenn sie sich von ihnen verlassen fühlen, ist dies der zweite Grund für das Recht eines Kindes, unglücklich zu sein.*
   Kinder leiden immer wieder unter Verlustängsten, zum Beispiel, wenn sie sich von ihren wichtigsten Bezugspersonen

trennen müssen. Ihr Unglücklichsein drücken sie dann auf vielfältige Weise aus und sind darauf angewiesen, dass ihre Signale, die sie aussenden, wahrgenommen und anerkannt werden.

3. *Wenn Kinder sich verstellen müssen, um ihr Leid und Unglück nicht zuzugeben, ist dies der dritte Grund für das Recht eines Kindes, unglücklich zu sein.*
   Oft werden Kinder schon früh dahingehend erzogen, möglichst immer glücklich zu sein. Hierbei handelt es sich um einen Anspruch, dem sie niemals gerecht werden können. Daraus resultieren oft Scham- und Schuldgefühle. Und aus Angst, ihre Eltern, die es doch gut mit ihnen meinen, nicht zu enttäuschen, fangen sie an, ihr Unglücklichsein zu verschweigen.

4. *Dem Kind die Gelegenheit zu geben, dass alle Gefühle in ihm lebendig sein dürfen, ist der vierte Grund für das Recht des Kindes, unglücklich zu sein.*
   Glück und Unglück liegen im Empfinden von Kindern dicht beieinander. Ein Kind, das vor lauter Glück und Vergnügen gar nicht mehr ein und aus weiß und dies uns mit all seinen Emotionen zeigt, kann einen Augenblick später schon tiefunglücklich sein, wenn sein Glück durch Zurückweisung oder Häme jäh unterbrochen wird. Sofort fällt es von dem einen Zustand in den anderen.

5. *Dass Kinder ihr Gefühl, unglücklich zu sein, bei sich selbst und nicht nur in Märchen oder Büchern zulassen dürfen, ist der fünfte Grund für das Recht des Kindes, unglücklich zu sein.*

Kinder fühlen sich, auch wenn von ihren Eltern nur schwer nachvollziehbar, in ihrem Unglück manchmal recht wohl, weil sie damit ihren eigenen Gefühlen näherkommen und einen Anlass schaffen, dass man sich besonders um sie kümmert. Daher auch ihre Faszination für Märchen, die, bevor sich das Geschehen zum Guten wendet, nahezu immer von unglücklichen Kindern handeln, in denen sie sich – ob tatsächlich oder in ihrer Vorstellungswelt – wiedererkennen und die ihnen Mut machen, das eigene Unglück am Ende zu besiegen.

6. *Wenn Kinder ihre existenziellen Bedürfnisse nach Geborgenheit, Sicherheit und bedingungsloser Anerkennung nicht befriedigt bekommen, ist dies ist der sechste Grund für das Recht eines Kindes, unglücklich zu sein.*
   Kinder, die in ihrer Kindheit zu wenig Aufmerksamkeit bekommen haben, deren Bedürfnisse nach Nähe und Resonanz nicht ausreichend gewürdigt wurden, fühlen sich häufig leer und einsam. Sich verlassen und unverstanden zu fühlen, macht unglücklich.

7. *Wenn ihre Eltern es ihnen immer recht machen wollten, verfügen Kinder über nur wenig erworbene Kräfte, mit Ungerechtigkeiten und Unglück fertigzuwerden. Dies ist der siebte Grund für das Recht eines Kindes, unglücklich zu sein.*
   Auch Kinder, die zu Hause sicher und geborgen aufwachsen, werden, sobald sie älter werden, außerhalb ihres Elternhauses immer wieder mit Situationen konfrontiert, die sie belasten und unglücklich machen können. Ihnen hilft die Erfahrung, aus eigener Kraft wieder aus ihrem Unglück herausgefunden zu haben.

8. *Die eigenen Eltern unglücklich zu erleben, ist der achte Grund für das Recht eines Kindes, unglücklich zu sein.*
   Nicht nur Kinder fühlen sich manchmal unglücklich, auch ihre Eltern. Kinder registrieren die traurige oder niedergeschlagene Stimmung ihrer Eltern sehr genau. Sie wollen ihnen helfen, aber oft können sie es nicht. Das lässt auch sie unglücklich werden.

9. *Selbst unglücklich zu sein, fördert bei Kindern ihr Mitgefühl auch für andere, die sich unglücklich fühlen. Dies ist der neunte Grund für das Recht eines Kindes, unglücklich zu sein.*
   Wer sich als Kind immer wieder einmal unglücklich gefühlt hat, kann auch andere unglückliche Menschen besser verstehen und mit ihnen fühlen. Gerade in einer Gesellschaft, in der nur das Glück zählt, ist solche Empathiefähigkeit ein kostbares Gut. »Die Einsamkeit des Kindes verleiht der Puppe eine Seele.«[44]

10. *Die Erfahrung, dass die eigene Wirksamkeit dabei hilft, aus seinem Unglück wieder herauszufinden, ist der zehnte Grund für das Recht eines Kindes, unglücklich zu sein.*
    Glück und das Gefühl von Selbstwirksamkeit haben viel miteinander zu tun. Aber das gilt auch umgekehrt. Ohne das Gefühl und die Überzeugung, ein ihm wichtiges Ziel selbst erreichen zu können, wird ein Kind unglücklich.

TEIL 2

UNGLÜCKLICHEN KINDERN HELFEN

8. Kapitel

Mit unglücklichen Kindern gut umgehen

Es gibt viele Anlässe für ein Kind, unglücklich zu sein

Der jeweils gegebene Anlass, der dazu führt, dass sich ein Kind, eine Jugendliche oder ein Jugendlicher unglücklich fühlt, ist meistens alles andere als gewünscht und willkommen, und Eltern wären froh, Anlässe, von denen im Folgenden die Rede sein wird, ihrem Kind ersparen zu können. Dennoch können kindliches Unglück auslösende Situationen und Vorgänge auch ihr Gutes haben, wenn das Kind dabei lernt, sich mit sich selbst und dem, was in ihm vorgeht, auseinanderzusetzen und seine Gefühle anderen mitzuteilen. Kindern jedoch, die bei Anlässen, die sie unglücklich machen, von anderen nicht wahrgenommen werden, die mit ihren Gefühlsäußerungen ins Leere laufen oder nicht gelernt haben, ihre Gefühle zu zeigen, fällt es schwer, sich anderen mitzuteilen, wenn es ihnen nicht gutgeht und sie sich unglücklich und einsam fühlen. Sie behalten ihre Gefühle lieber für sich, auch deswegen, weil sie verlernt haben, von anderen Hilfe zu erwarten. Oft behalten sie diese Einstellung bis ins Erwachsenenalter.

Im Folgenden gehe ich bis auf eine Ausnahme auf *alltägliche Anlässe* ein, bei denen sich ein Kind, ein Jugendlicher oder eine Jugendliche unglücklich fühlen. Da sie den Grund dafür aus Scham oder falscher Rücksichtnahme oft nicht selbst zugeben wollen, müssen wir manchmal aus ihrem Verhalten herauslesen, was sie beschäftigt und dazu führt, dass sie sich so traurig, von allen verlassen und einsam sehen. Anschließend müssen wir nach Wegen suchen, wie wir sie dennoch erreichen und ihnen helfen können. Manche Eltern und Erwachsene tendieren leider dazu, ihren Kindern ihr Unglück selbst zuzuschreiben oder es zu verharmlosen. Oft werden dabei Ursache und Wirkung verwechselt, wenn man sich nicht näher damit befasst, was ihre Reaktion ausgelöst haben könnte, oder einfach den Grund dafür übersieht.

Kinder, die manchmal unglücklich oder traurig sind, sind niemals selbst schuld! Sie sind auch nicht »krank« oder »gestört«, sondern gehen im Gegenteil offen mit ihren Gefühlen um. Manchmal wählen sie die falschen Mittel, um auf sich und ihre schwierige Situation aufmerksam zu machen. Sie zeigen sich nicht ansprechbar, werden aggressiv oder ziehen sich von allem, was ihnen Freude bereiten könnte, zurück. Wenn ihr Unglück und die es auslösende Situation zu lange anhalten und sie niemanden finden, mit dem sie ihre Gefühle teilen können, verfestigen sich ihre Ängste und auffälligen Verhaltensweisen. Dann brauchen sie professionelle Hilfe, und Eltern sollten nicht zögern, nach ihr zu suchen. Zum Glück ist dies nur bei wenigen Kindern und Jugendlichen der Fall, die unter den im Folgenden dargestellten Alltagssituationen leiden.

Eltern haben viele Möglichkeiten, mit ihrem Kind, das sich unglücklich fühlt, umzugehen, ihm Mut zu machen und das Gefühl zu geben, gehört und gesehen zu werden. Nicht immer gelingt es allen im selben Maße, was oft mit Erfahrungen in der eigenen Kindheit zu tun hat. Aber sie können es lernen. Dafür finden sich im Anschluss an die jeweiligen Beispiele, in denen viele Kinder selbst zu Wort kommen, Hinweise, wie Eltern und andere Erwachsene, die mit unglücklichen Kindern und Jugendlichen zu tun haben, einfühlsam und angemessen mit ihnen umgehen und ihnen helfen können. Alle Namen und manche Begleitumstände in den Beispielen, die ich anführe, habe ich geändert, Übereinstimmungen sind ungewollt und zufällig.

Was Kinder unglücklich macht und wie wir helfen können

Einsamkeit

Sich einsam, verlassen und unverstanden zu fühlen ist wahrscheinlich der häufigste Grund für Kinder und Jugendliche, unglücklich zu sein. Viele Märchen und Kinderbücher handeln davon, viele Erwachsene können sich, weil auch sie ein Kind waren, noch gut daran erinnern, sich selbst einmal einsam gefühlt zu haben, weil dieses Gefühl so stark war, dass sie es sich merken konnten.

Sich einsam zu fühlen, kann viele Gründe haben, und wir werden diesem Gefühl bei nahezu allen Anlässen, die ein Kind oder einen Jugendlichen unglücklich machen, wieder begegnen. Zunächst aber geht es um die vor allem von jüngeren Kindern oft empfundene existenzielle Bedrohung, die Einsamkeit auslösen kann, nämlich von seinen Eltern verlassen zu werden.

Sara (4) steht am Gitterzaun ihrer Kita und ist unglücklich. Alle Kinder sind bereits abgeholt worden, nur sie allein ist zurückgeblieben. Sie spürt, wie ihre Erzieherin langsam ungeduldig wird, eine Form von Unsicherheit, die sich jetzt auch auf sie überträgt. »Wann holt die Mama mich endlich ab«, denkt sie, »sie hat mich doch nicht etwa vergessen? Was passiert mit mir, wenn sie nicht kommt, wohin soll ich dann hin? Wer ist dann für mich da? Wo soll ich heute Nacht schlafen, wenn sie nicht kommt?« Alle diese Gedanken gehen ihr durch den

Kopf. Sara fühlt sich in diesem Moment einsam und von allen verlassen. Als ihre Mutter endlich kommt, strahlt sie und läuft ihr am Eingangstor entgegen. Auf dem Nachhauseweg wirkt sie dann immer noch ein wenig ängstlich und will zu Hause erst einmal nicht von ihrer Mutter weichen.

Solche Einsamkeitserfahrungen machen nahezu alle Kinder in ihren ersten Lebensjahren, wenn sie noch gänzlich von der Hilfe und Unterstützung ihrer Eltern abhängig sind. Ihre *Verlustängste* haben also einen guten Grund. Sie nicht anzuerkennen, sie zu überspielen oder sich sogar über sie lustig zu machen, stürzt das Kind in große und länger anhaltende Unsicherheit, begleitet von immer wiederkehrenden Ängsten. Die Angst eines Kindes, verlassen zu werden, muss man ernst zu nehmen.

Würde Saras Mutter ihr sagen, sie brauche doch keine Angst zu haben, dass man sie nicht abholt, würde sich Sara von ihr nicht verstanden fühlen. Denn sie *hatte* Angst! Schlimmer noch, sie würde das Gefühl bekommen, *keine Angst haben zu dürfen.* Sara hat aber das Recht, sich einsam, verlassen und unglücklich zu fühlen. Sich und ihre Gefühle in dieser Situation bedingungslos anzunehmen bedeutet für sie, sich selbst und ihren Gefühlen treu bleiben zu dürfen und sie auch später jemandem gegenüber äußern und mitteilen zu können.

Bülent (8) kommt nach dem Hort zu sich nach Hause. Seine zwei älteren Brüder sitzen vor einem Computerspiel und beachten ihn nicht. Seine Mutter, die in einem Supermarkt arbeitet, wird erst später am Abend zurück sein. Das Abendessen, das für ihn auf dem Tisch im Wohnzimmer stand, haben die Brüder bereits aufgegessen. Als er danach fragt, antworten sie ihm spöttisch, nun müsse er wohl verhungern, denn der Kühlschrank sei (was nicht stimmt) auch schon leer. Bülent bekommt Angst und fängt an zu weinen. Es ist nicht die Furcht davor, jetzt verhungern zu müssen, aber von allen im Stich gelassen zu werden. Von der Mutter, von seinen Brüdern. Eine Rolle spielt auch, dass sein Vater die Familie, als er noch klein war, von einem Tag auf den anderen verlassen hat. Auch er, obwohl schon etwas älter, fragt sich wie Sara aus dem vorangegangenen Beispiel, was aus ihm werden wird, wenn niemand ihn beachtet und niemand sich um ihn kümmert. Traurig packt er seine Schulsachen aus und macht den Rest seiner Hausaufgaben, die er im Hort nicht ganz geschafft hat.

Auch Bülent fühlt sich in diesem Moment unglücklich, einsam und allein auf der Welt. Natürlich weiß er, dass seine Mutter ihn nicht verlassen wird, denn bislang war sie immer für ihn da. Aber er bleibt lange wach und stellt sich vor, was passieren würde, wenn sie einmal nicht zurückkäme. Diesen Gedanken »was passieren würde, wenn« haben viele Kinder. Er beflügelt ihre Phantasie – sowohl im positiven wie im negativen Sinn. Kinder, die sich einsam fühlen, malen sich in ihren Gedanken oft alle möglichen schrecklichen Geschichten aus. Was, wenn die Mutter beim Nachhauseweg einen Unfall hatte? Was, wenn sie krank wurde und ins Krankenhaus musste? Je mehr ihr ganzes Leben noch von den Eltern abhängt, desto drastischer fallen ihre Phantasievorstellungen dann aus.

Am nächsten Morgen bekommt Bülent mit, wie seine Mutter mit seinen Brüdern schimpft, ihm das Abendessen, wie sie sich ausdrückt, »gestohlen zu haben«. Sie sollen sich bei ihm dafür entschuldigen, was sie, wenn auch etwas halbherzig, tun. Dann macht seine Mutter ihm ein besonders gutes Frühstück und fragt ihn, warum er sich nichts aus dem Kühlschrank zum Essen besorgt habe. »Ich hatte solche Angst, dass du nicht zurückkommst«, antwortet Bülent, »obwohl ich wusste, dass du bald wieder hier bist.« Seine

Mutter nimmt ihn in den Arm und tröstet ihn. Auch sie habe als Kind manchmal Angst gehabt, ihre Eltern könnten sie verlassen, das sei ganz normal. Bülent schämt sich ein wenig, auch für seine Tränen, aber er fühlt sich verstanden und gut aufgehoben. »Das nächste Mal«, so denkt er sich, »werde ich zum Kühlschrank gehen und mir selbst das Abendessen besorgen. Und wenn meine Mutter zurückkommt, werde ich satt sein und gut einschlafen können.«

Bülents Mutter hat die Verlustängste ihres Sohnes ernst genommen, was ihr Sohn gespürt hat. Sie hat ihm aus ihrer eigenen Kindheit erzählt: »Alle Kinder, wenn sie klein sind, fürchten sich vor dem Alleinsein und fühlen sich dann unglücklich. Das ist nichts Schlimmes, sondern eine gute Gelegenheit, um darüber zu sprechen.«

Lisa (9) ist mit ihren Eltern im Urlaub wandern. Ihre Eltern, die vor ihr gehen, streiten sich über irgendetwas, das Lisa nicht verstehen kann. Da es häufiger vorkommt, nimmt Lisa die Auseinandersetzung zwischen ihren Eltern nicht besonders ernst, hat aber auch keine Lust, sich den Streit ihrer Eltern noch länger anzuhören, und bleibt zurück. Sie entdeckt einen großen Ameisenhaufen und beobachtet, wie tausende von Ameisen darauf herumkrabbeln. Als sie endlich weitergeht, sind ihre Eltern vor ihr verschwunden, und sie bekommt Angst. Was, wenn ihre Eltern sie bei ihrem Streit ganz vergessen haben und nicht mehr zu ihr zurückkommen? Wer könnte ihr dann helfen? Der Weg, auf dem sie unterwegs waren, kam ihr einsam und verlassen vor, und sie waren bislang niemandem begegnet. Es ist auch schon nachmittags – was, wenn ihre Eltern, wenn es langsam dunkel wird, immer noch verschwunden bleiben? Lisa rennt los und steht plötzlich vor einer Weggabelung. Links oder rechts – in welche Richtung könnten sie gegangen sein? Ihre Angst, sich zu verirren und einsam und verlassen im Wald zurückzubleiben, wird immer stärker. Sie fängt an zu rufen, keine Antwort. Ihre Angst verwandelt sich langsam in eine regelrechte Panik. Dann sieht sie, wie ihre Eltern auf einem der beiden Wege zu ihr zurückkommen. Lisa ist erleichtert, würde sie am liebsten voller Dankbarkeit umarmen, was sie sich aber nicht traut. Also tut sie so, als sei nichts gewesen, aber folgt ihnen ab jetzt immer in Sichtweite.

Die Angst eines Kindes, sich im Wald zu verirren, ist ein wahrer Klassiker und taucht nicht nur in vielen Märchen wie Hänsel und Gretel auf, sondern auch in Geschichten und Romanen für Erwachsene. Der bekannte Buchautor Stephen King hat einen ganzen Roman darüber geschrieben, wie sich ein Mädchen im Wald verirrt und erst nach Tagen und von einem Bären verfolgt wieder gefunden wird.[45] Noch Erwachsene tragen diese Angst aus ihrer Kindheit in sich, wenn sie sich verirrt haben oder aus einem Wald nicht mehr herausfanden, auch wenn solche Angst hierzulande wenig begründet ist.

Und auch bei Lisa spielt die Angst, sich zu verirren und ihre Eltern zu verlieren, wie in so vielen Märchen und Erzählungen eine wichtige Rolle, wenn sie sich plötzlich ganz einsam und verlassen fühlt. Die Verlustangst sitzt selbst in diesem Alter noch ziemlich tief, auch wenn sie häufig überspielt wird. Nicht nur von den Kindern selbst, sondern auch von Eltern, die sie bei ihren Kindern manchmal bagatellisieren oder sogar dafür auslachen.

Lisas Angst, im Wald verloren zu gehen und ihre Eltern nicht wiederzufinden, hat aber vielleicht auch damit zu tun, dass sie sich vor ihr gestritten haben, was sie zusätzlich verunsichert hat. Was wird aus ihr, wenn der Streit nicht aufhört und sie sich trennen? Bleibt sie dann, wie jetzt, einsam und auf sich gestellt, zurück? In ihre Sorge, sich zu verirren, dringen auch solche Gedanken ein und rufen neue Einsamkeitsgefühle und Verlassenheitsängste hervor.

Einsamkeit und sich wehrlos und nicht verstanden zu fühlen, liegen dicht beieinander.

Aynur (4) fühlt sich einsam und unglücklich. Sie sitzt in ihrem Zimmer und ist traurig, weil ihre beste Kita-Freundin sie, obwohl sie es versprochen hatte, schon wieder nicht besucht hat. Sie nimmt sich ihre Puppe und vertraut ihr ihre Sorgen an. Sie, die Puppe, sei ihre einzige Freundin, die sie jetzt noch auf der Welt habe.

»Die Einsamkeit verleiht der Puppe eine Seele«, diesen Satz von Janusz Korczak habe ich bereits in einem anderen Zusammenhang erwähnt. Er umschreibt das Bemühen eines Kindes, das sich allein und verlassen fühlt, bei seiner Puppe, es kann auch ein Bär oder ein Haustier sein, Zuflucht und Gesellschaft zu suchen. Kinder brauchen um sich herum andere, denen sie ihre Gefühle mitteilen können.

Wenn ihnen Menschen in ihrer nächsten Umgebung und vor allem ihre wichtigsten Bezugspersonen, die Eltern, dafür fehlen, erfinden sie in ihrer Vorstellungswelt manchmal auch Phantasiegestalten als Ansprechpartner für Ängste, die sie für sich behalten und vor anderen geheimhalten wollen. Ihre Ängste gehören dann nur ihnen, auch dann, wenn sie Eltern haben, die sich gut um sie kümmern.

Jonas (16) fühlt sich einsam, weil seine Eltern ihn nicht verstehen. Nachdem sein Großvater gestorben ist, beschäftigt ihn die Tatsache, auch einmal sterben zu müssen. Als er darüber mit seinen Eltern sprechen will, wiegeln die mit dem Satz »Wir alle müssen einmal sterben« seine Frage nach der endlichen Existenz eines Menschen ab. Nachts liegt er noch lange wach und kann nicht einschlafen, weil ihn der Gedanke an den Tod so tief beschäftigt.

Bei älteren Kindern und Jugendlichen resultieren ihre Einsamkeitsgefühle häufig aus dem Eindruck, von anderen nicht verstanden zu werden. Jetzt, im sogenannten Vernunftalter, halten viele Eltern ihre Kinder, die sich mit Fragen an sie wenden, die sie gerade beschäftigen, für stärker und reifer, als sie in Wirklichkeit sind. Zwar spielen deren Verlustängste keine so starke Rolle mehr wie in ihrer frühen Kindheit, aber auch sie brauchen Trost und Zuwendung, wenn auch auf andere Art und Weise wie früher. Oft sind es dann Bezugspersonen außerhalb des eigenen Elternhauses wie ihnen zugewandte Lehrerinnen oder Lehrer oder Freunde, die ihnen weiterhelfen können, sich mit existenziellen Fragen auseinanderzusetzen, die mit Beginn der Pubertät und der Frage nach der eigenen Identität breiteren Raum einnehmen als früher.

Eine Rolle spielt aber auch, dass sich Kinder gerade in der Pubertät tatsächlich *gerne* einsam und unverstanden fühlen. Es dient ihrer Abgrenzung von den eigenen Eltern, sich von niemandem verstanden zu fühlen. Jetzt müssen sie zunehmend für sich selbst Verantwortung übernehmen und wollen dies gegenüber ihren Eltern auch demonstrieren, die, wie sie meinen, sowieso nicht verstehen können, was gerade in ihnen vorgeht.

Angst

Es gibt kein Kind auf der Welt, das niemals Angst hat. Kinderängste sind also sehr verbreitet. Ein Grund dafür besteht in der lang andauernden Abhängigkeit des Kindes von seinen Eltern bzw. von Erwachsenen, die ihm Schutz und Sicherheit gewähren. Kinder, insbesondere, wenn sie noch klein sind, fühlen sich gegenüber äußeren Bedrohungen meistens hilflos. Es ist also völlig normal, dass ein kleines Kind besonders abends, wenn es dunkel wird, oder wenn es ein Geräusch hört, das es niemandem zuordnen kann,

Angst bekommt. Wenn es irgendwo in seinem Zimmer knackt und das Kind fürchtet, ein Tier oder ein Mensch würde sich unter seinem Bett oder hinter einem Vorhang verstecken. Nimmt man es in den Arm oder spricht mit ihm über das, was ihm Angst macht, oder setzt sich eine Weile zu ihm und vermittelt Ruhe und Sicherheit, fühlt es sich angenommen und beschützt, und seine Angst lässt nach oder verschwindet ganz. Darüber hinaus verfügen Kinder über eine reiche Phantasie und können sich alle möglichen Situationen vorstellen, die sie gruseln und ängstigen. Auch deswegen mögen sie ja Märchen und Filme, die ihnen diesen Thrill bieten, weil sie genau wissen, dass es sie zum Glück nicht selbst betrifft. Als Kind Angst zu haben, bedeutet nicht automatisch, unglücklich zu sein. Wenn Hilfe von außen kommt, verliert sich die Angst des Kindes oft schnell, und alles ist wieder gut.

Anders fühlt ein Kind, wenn seine Ängste nicht ernst genommen werden, wenn seine Eltern, ein älterer Bruder oder Spielkameraden sich über seine Ängste lustig machen, es als Angsthase verspotten oder ihm absichtlich noch zusätzlich Angst machen: »Natürlich gibt es Einbrecher, pass bloß auf, dass sie dich nicht mitnehmen.« Sein eigentliches Unglück besteht darin, dass sich das Kind denkt, keine Angst haben zu dürfen, obwohl es sie doch empfindet.

Angst wird übermächtig, wenn sie sich immer wiederholt und zu lange andauert. Dann wird sie zu einem ständigen Begleiter des Kindes, zu einer ständigen Bedrohung, dass etwas mit ihm passieren könnte. Sie nistet sich förmlich in seiner Seele ein. Es traut sich nicht mehr, allein irgendwo hinzugehen, es will immer zu Hause bleiben, bekommt Angst vor allem und jedem. Aus Scham oder weil es von anderen keine Hilfe mehr erwartet, werden Ängste oft verschwiegen. Wenn Kinderängste von anderen nicht bemerkt werden oder das Kind niemanden findet, mit dem es sprechen kann, machen diese Ängste einsam und begraben und ersticken unter sich auch die schönen Momente, die es erlebt.

Nicht nur Kinder, auch Jugendliche haben Ängste, nur drücken sie sie meistens weniger direkt aus. Angst kommt im Jugendalter, insbesondere gegenüber Gleichaltrigen, aber auch gegenüber den eigenen Eltern, nicht besonders gut an, wird oft nicht zugegeben und gerne überspielt. Ängstliche junge Menschen ziehen sich eher vor anderen zurück, wirken oft verschlossen und unnahbar, oder sie versuchen mit Kraftmeierei und Waghalsigkeit bei Gleichaltrigen oder auch vor ihren Eltern zu punkten und ihre Ängste zu verbergen.

Wenn Tina (5) nach der Kita nach Hause kommt, will sie immer ihre Mutter um sich herumhaben. Sogar, wenn sie auf die Toilette muss, soll sie neuerdings mitkommen. »Was ist eigentlich los mit dir«, fragt die Mutter Tina, »du bist doch alt genug, um allein aufs Klo zu gehen.« Tina antwortet nicht und sieht stattdessen traurig und ängstlich auf den Boden. Sie will auch nicht mehr allein einschlafen, immer soll jemand bei ihr sein. Warum sie so viel Angst hat, will sie niemandem verraten.

Tina war schon immer ein ängstliches Kind gewesen, auch ängstlicher als ihre Geschwister. Aber in Tinas Familie wurde über Gefühle gar nicht oder wenn, dann nur ungern gesprochen. Ihre beiden Eltern haben einen anstrengenden Beruf, und sie finden nur wenig Zeit, um mit Tina über ihre Sorgen und Ängste zu sprechen. Hinzu kommt, dass sie Gefühle gerne bagatellisieren und auch für sich als störend empfinden. »Es gibt Schlimmeres«, sagen sie zu sich selbst, wenn sie sich selbst vor etwas ängstigen, und äußern sich auch gegenüber ihren Kindern entsprechend. Wenn aber wie bei Tina elterliche Vorbilder fehlen, über Ängste zu sprechen, verstummen solche Kinder mit der Zeit. Sie vereinsamen und fühlen sich mit ihren Ängsten allein gelassen und diesen umso mehr ausgeliefert.

In Tinas Kitagruppe war ein Kind, mit dem sie oft gespielt hatte, plötzlich sehr krank geworden, und jetzt bekam sie selbst Angst, einmal so krank zu werden. Dass sie immer in der Nähe ihrer Mutter sein wollte, hatte damit zu tun und war wie ein stummer Hilfeschrei: »Sei nah bei mir, hilf mir, dass mir nichts passieren kann!« Aber das konnte Tina der Mutter nicht sagen, auch weil sie noch zusätzlich Angst bekam, von ihr nicht verstanden und abgelehnt zu werden. Ihre Ängste wurden immer stärker.

Ihre Ängste nicht zu übergehen und abzuwerten, wie Tinas Eltern es gewohnt waren, sondern sie ernst zu nehmen und mit ihr darüber zu sprechen, hätte ihrer Tochter dabei geholfen, nicht immer noch ängstlicher zu werden. Aber diese Voraussetzungen fehlten in der Familie von Tina. Findet sie keinen – einen Opa oder eine Oma, einen guten Bekannten oder eine Pädagogin, die sie betreut –, dem sie ihr Unglücklichsein, ihre Einsamkeit und ihre Ängste anvertrauen kann, wird alles nur noch schlimmer werden und sich irgendwann in Symptomen und Auffälligkeiten äußern, die von ihrer nächsten Umgebung vielleicht wiederum nur kaum beachtet oder kleingeredet werden. Es ist schwer für ein Kind, aus diesem Teufelskreis herauszufinden.

Marie (18) bekam, als sie von zu Hause auszog, um in einer anderen Stadt zu studieren, plötzlich Panikattacken. Die Menschen in der anderen Stadt kamen ihr fremd und unnahbar vor, mit ihrer Mitbewohnerin in der WG verstand sie sich schon länger nicht mehr. Sie fühlte sich einsam und verlassen. Ihren Eltern wollte sie ihre Ängste nicht anvertrauen, hatte sie sich doch so gewünscht, in einer anderen Stadt, wie sie es formulierte, »allein ein neues Leben zu beginnen«.

Auch bei einem fast schon erwachsenen Kind können noch einmal Verlassenheitsängste auftauchen, meist hervorgerufen durch eine Situation, in der sich die Betroffenen fremd vorkommen und glauben, dass ihnen niemand so wie früher ihre Eltern helfen kann. Wie in ihrer Kindheit fühlen sie sich erneut hilflos, unsicher und unbeschützt. Marie ist nicht nur unglücklich, weil sie mit ihrem Leben in einer anderen Stadt nicht zurechtkommt, sondern auch, weil ihr der Kontakt zu anderen Menschen fehlt, denen sie sich anvertrauen kann. Erst als sie sich dazu überwindet, ihrem Vater ihre Ängste und Panikattacken mitzuteilen und sie für kurze Zeit wieder nach Hause in ihre vertraute Umgebung zurückkehrt, lassen ihre Ängste nach. Nach Rückkehr an ihren Studienort zieht sie in eine neue WG, findet dort unter Gleichaltrigen neue Freunde, und ihre Ängste werden nach und nach seltener.

Schuldgefühle

Schuldgefühle sind nicht automatisch etwas Schlechtes. Sie sind ein Anzeichen dafür, mit anderen mitzufühlen und sich selbst auch Fehler einzugestehen. Wenn sie jedoch nicht im Dialog mit anderen gelöst werden können, machen sie auf Dauer unglücklich. Ständig darüber nachzugrübeln, etwas falsch gemacht zu haben, beeinträchtigt nicht nur das Leben von Erwachsenen, sondern auch das von Kindern und Jugendlichen.

Während ihr Vater einkaufen geht, soll Mia (9) auf ihren kleinen Bruder Lian (4) aufpassen. »Lass ihn ja nicht aus den Augen«, hatte ihr Vater lachend zu ihr gesagt, »du kennst ihn ja. Wenn wir nicht da sind, ist er zu allem fähig.«

Zunächst spielt sie mit ihm eine Runde Memory, danach lässt sie ihn kurz mit seinen Spielsachen allein im Kinderzimmer, um sich in der Küche ein Müsli zu machen. Plötzlich hört sie lautes Geschrei, ihr Bruder war auf einen Stuhl gestiegen, um sich seine Feuerwehr aus dem Regal zu angeln, hatte das Gleichgewicht verloren und war gestürzt. Mia wusste vor lauter Schreck nicht, was sie tun sollte, wollte ihn trösten, aber er schrie immer weiter. Zum Glück kam ihr Vater schon bald zurück. Weil Lians Hand etwas geschwollen war, fuhr er mit ihm in die Klinik, um sicher zu sein, dass nichts gebrochen war. Mia blieb allein zurück und machte sich Vorwürfe, nicht genug auf ihn aufgepasst zu haben. Sie hatte Angst, dass die Hand von Lian nie mehr »gut« werden würde. Obwohl ihr Vater und später ihre Mutter sie trösteten, fühlte sich Mia noch lange Zeit unglücklich, weil ihr der Unfall ihres kleinen Bruders immer wieder einfiel und sie glaubte, daran Schuld gehabt zu haben.

Mia hatte nicht aufgepasst – ein berechtigter Grund für sie, Schuldgefühle zu empfinden und Mitleid mit ihrem kleinen Bruder zu haben. Sie bekam den Satz ihres Vaters, den er mehr im Scherz zu ihr gesagt hatte, nämlich gut auf Lian aufzupassen, nicht mehr aus ihrem Kopf. Außerdem erinnerte sie der Verband um Lians Hand noch Tage später daran, was passiert war. Andere Kinder mögen schneller über das kleine Unglück ihres Geschwisters hinwegkommen. Aber Mia, die schon immer alles sehr ernst nahm, ließ das Geschehene nicht mehr los. Erst nach zwei Wochen und als ihr Bruder seine Hand wieder so bewegen konnte wie früher, ließen ihre Schuldgefühle nach. Auch dass ihre Eltern nicht versuchten, ihr ihre Schuldgefühle sofort auszureden, sondern mit ihr darüber geredet haben, half. Dabei gaben sie Mia nicht nur das Gefühl, sie immer noch genauso lieb zu haben, trotz dem, was geschehen war, sondern lobten sie auch, so viel Mitleid mit ihrem Bruder zu empfinden. Sie nahmen sie ernst, und gemeinsam sprachen sie auch darüber, dass selbst Eltern so etwas passieren kann. Außerdem sei die ganze Geschichte ja gut ausgegangen, und vielleicht sei es für den kleinen Bruder auch eine gute Lehre gewesen, künftig besser aufzupassen, wenn er auf einen kippligen Stuhl steigt. Als sie ein paar Wochen später wieder einmal mit ihm für kurze Zeit allein in der Wohnung war, wich sie ihm nicht von der Seite, worauf er sich bei seinen Eltern über sie beschwerte. Er sei schließlich kein Baby mehr. Alle mussten lachen.

Mias Schuldgefühle hatten einen konkreten Grund. Dies ist aber nicht immer der Fall. Oft empfinden Kinder Schuldgefühle, wenn etwas geschieht, das sie sich nicht erklären können. Zum Beispiel, wenn sie mitbekommen, dass ein Elternteil sehr traurig ist. »Warum ist der Papa so traurig? Die Mama ist doch immer da. Liegt es vielleicht daran, dass ich in der Schule eine Fünf geschrieben habe? Oder mich nach dem Essen übergeben musste?«

Kinder suchen, wenn ihre Eltern unglücklich sind, häufig die Schuld bei sich selbst, weil Eltern eigentlich doch immer stark sein müssen. Dann werden sie selbst unglücklich, wagen aber nicht, darüber zu sprechen, um ihre Eltern nicht noch unglücklicher zu machen. Es ist wichtig, mit Kindern darüber zu sprechen, dass auch Erwachsene manchmal unglücklich sein können und es mit ihnen nichts zu tun hat. Mitgefühl zu haben für jemanden, dem es nicht gutgeht, ist etwas anderes, als sich dafür selbst die Schuld zu geben und darüber unglücklich zu werden.

Eifersucht

Nicht nur Erwachsene können eifersüchtig sein, sondern auch Kinder. In bestimmten Situationen kann ihre Eifersucht enorme Ausmaße annehmen. Kinder wollen insbesondere von ihren Eltern möglichst immer geliebt werden und dann nichts von dieser Liebe abgeben. Elternliebe bedeutet für sie Schutz, Anerkennung und

Bestätigung. Wird sie ihnen durch jemand anderen weggenommen, protestieren sie oft lautstark und unternehmen zumindest in ihrer Phantasie alles, um ihn wieder loszuwerden.

Sine (3) ist ein selbständiges und fast immer strahlendes Mädchen. Vor vier Monaten ist ihr kleiner Bruder auf die Welt gekommen, und Sine, die sich sprachlich für ihr Alter bislang erstaunlich gut verständigen konnte, spricht plötzlich nur noch ganz leise, sodass man sie kaum noch verstehen kann. Außerdem fängt sie an, leicht zu stottern, was ihren Eltern große Sorgen bereitet. Sie überlegen sich, mit ihr zu einer Logopädin zu gehen.

Sine ist unglücklich. Bis zur Geburt ihres Bruders war sie als Einzelkind gewohnt, immer im Mittelpunkt zu stehen. Als ihr kleiner Bruder auf die Welt kam, war sie zuerst noch neugierig und freute sich über das neue Leben zu Hause, das viel Freude und Abwechslung mit sich brachte. Aber nach einigen Wochen wurde Sine immer mehr bewusst, dass ihr Bruder nicht nur für kurze Zeit neben ihr aufgetaucht war, sondern blieb. Von jetzt an würde sie sich die Aufmerksamkeit ihrer Eltern mit ihm teilen müssen.

Dass Kinder unglücklich über die Geburt eines neuen Geschwisters sein können, ist nichts Außergewöhnliches. Und schon gar nicht etwas, das man moralisch verurteilen sollte. Viele Kinder, gerade solche, die bisher von ihren Eltern sehr viel Aufmerksamkeit bekommen haben, reagieren aus gutem Grund eifersüchtig. Erwachsenen in ähnlichen Situationen würde es genauso gehen.

Um mit der neuen Situation, ein Geschwister bekommen zu haben, fertigzuwerden, regredieren manche Kinder und ziehen sich wieder auf bereits überwundene Entwicklungsschritte zurück. Jüngere unter ihnen verlangen vielleicht wieder nach einem

Schnuller, wollen ihr Schmusetier gar nicht mehr loslassen, können schlecht ein- und durchschlafen oder wollen nicht mehr in die Kita gehen, um auch bei der Mama zu sein, die sich so sehr um das Neugeborene kümmert, das sie deswegen beneiden. Oder ihnen verschlägt es, wie bei Sine, für kurze Zeit buchstäblich die Sprache, dass da jemand aufgetaucht ist, mit dem sie die Aufmerksamkeit der Mutter und des Vaters jetzt teilen müssen. Manchmal tauchen bei eifersüchtigen Kindern auch bisher ungewohnt aggressive Handlungsweisen auf, ein kleiner Klaps auf den Kopf des Babys oder dass sie mal energisch an der Wiege rütteln. Sie zeigen damit, dass sie unglücklich sind, und das ist auch gut so. Denn man sollte ihre unglückliche Stimmung akzeptieren, versuchen sie zu trösten, ohne das geschehene »Unglück« ungeschehen machen zu wollen. Es hilft nicht, so zu tun, als ob alles beim Alten bliebe, weil es nicht stimmt.

Sofort nach professioneller Hilfe zu suchen, weil sich das Kind plötzlich anders verhält, weil es anfängt, wieder ins Bett zu machen, oder vorübergehend anfängt zu stottern, gibt dem Kind eher das Gefühl, dass mit ihm etwas nicht stimmt. Dabei ist es vorübergehend nur enttäuscht und unglücklich, von nun an nicht mehr als Einziger im Mittelpunkt seiner Familie zu stehen. Fühlt sich das Kind mit seinem neuen Geschwister weiterhin angenommen und gewöhnt sich langsam an die neue Situation, was so gut wie immer der Fall ist, weicht auch diese kleine Erschütterung aus seinem Leben. Es lernt, die Liebe seiner Eltern mit anderen teilen zu müssen, was es häufig selbständiger werden lässt.

Sophie (8) sieht, wie ihre beste Freundin auf dem Schulhof mit Emma spielt und sie nicht mitspielen lässt. Darüber ist sie todtraurig und wünscht, dass Emma etwas passiert und sie ihre Freundin dann wieder ganz für sich allein hat.

Sophie ist eifersüchtig auf Emma. Sie fühlt sich von ihrer Freundin zurückgestoßen. In ihrer Phantasie malt sie sich aus, dass ihre Freundin von ihr nichts mehr wissen will, und überlegt lange, woran es liegen könnte. Mag ihre Freundin Emma jetzt vielleicht mehr als sie? Am liebsten hätte sie, dass Emma ganz von der Bildfläche verschwindet, aber wie soll sie das anstellen? Am liebsten würde sie gar nicht mehr in die Schule gehen. Ihre Eltern merken schnell, dass mit ihrer Tochter irgendetwas nicht stimmt. Bisher ist Sophie morgens immer sofort losgezogen, um in die Schule zu kommen, seit einigen Tagen aber trödelt sie und lässt sich alle Zeit, um aus dem Haus zu kommen. Wenn sie von der Schule zurückkommt, wirkt sie traurig und abwesend. Ihre Mutter fängt an, sich um Sophie Sorgen zu machen. Aber ein paar Tage später ist Sophies schlechte Laune schon wieder verschwunden. »Alles wieder gut«, sagt sie strahlend, »meine beste Freundin hat sich morgen mit mir bei sich zu Hause verabredet, ich komme ein bisschen später zurück.«

Kitakummer

Für Kinder ist es, je jünger sie sind, keine einfache Zeit, wenn sie in die Krippe oder Kita kommen. Sich von ihren wichtigsten Bezugspersonen über längere Zeit zu trennen, fällt den meisten schwer, übrigens auch jenen, die eine gute Bindung zu ihren Eltern, zu ihrer Mutter oder ihrem Vater, entwickelt haben. Sie verstehen einfach nicht, warum sie jetzt irgendwohin »hingebracht« werden, denn genauso empfindet es ein ein- oder zweijähriges Kind zunächst. Deswegen gibt es ja auch Eingewöhnungsrituale, um diesen Trennungsprozess von den Eltern behutsam zu begleiten. Die Allerkleinsten müssen erst lernen, dass ihnen fern von ihren Eltern nichts passiert, dass sie dennoch gut aufgehoben sind und auch in der Krippe oder in der Kita viel Spaß haben können. Oft unterstützt sie dabei ein Kuscheltier oder ein Schmusetuch – Psychologen nennen sie »Übergangsobjekte«, weil sie helfen, die Trennung von den Eltern besser zu bewältigen. Der Teddy, das Tuch, die Puppe oder das kleine Einhorn können aber nicht immer darüber hinweghelfen, sich in der Krippe manchmal einsam und verloren zu fühlen.

Zahra (2) will nicht mehr in die Krippe gehen. Wenn ihr Vater sie früh morgens anzieht, strampelt sie wie wild und ruft immer wieder: »Nein, nein, nein!« Weil sowohl ihr Vater als auch ihre Mutter morgens früh zu ihrer Arbeit müssen, bringt sie ihr Vater trotz ihres Widerstands in die nahegelegene Kita. Dort angekommen fängt Zahra an, sich mit Händen und Füßen dagegen zu wehren, hineinzugehen. Zahra ist unglücklich. Letzte Woche hat die Erzieherin, die sie so gern mochte, gekündigt. Zahra fühlt sich unbeschützt und allein.

Unglücklich zu sein hängt nicht vom Alter ab. Babys sind unglücklich, wenn ihnen die verlässliche Anwesenheit ihrer Eltern für längere Zeit fehlt. Fühlt sich ein Säugling oder Kleinkind allein und verlassen, kann man es ihm von seinem Gesicht ablesen. Man erkennt sein Unglücklichsein an seinem traurigen oder manchmal leeren Blick, der ziellos in der Ferne herumzuirren scheint und seinem Gegenüber oft ausweicht. Oder am fehlenden Lächeln und an seinen Bewegungen, manchmal übertrieben schreckhaft, manchmal zaghaft und zurückgenommen. Natürlich können kleine Kinder ihr Unglück noch nicht als solches verbalisieren, aber man sieht es ihnen zumindest an.

Zahra wehrt sich mit Nachdruck und ihrem ganzen Körper, in die Krippe zu gehen. Eine entscheidende Rolle spielt die Kündigung der von ihr heißgeliebten Erzieherin, die ihr anstelle der

Eltern jene Sicherheit und Geborgenheit bot, die kleine Kinder jetzt besonders brauchen. Auch das Vertrauensverhältnis ihrer Eltern zu dieser jungen Erzieherin hat sie genau registriert und sich auch deswegen gut bei ihr aufgehoben gefühlt. Die häufig hohe Fluktuation unter den Erzieherinnen unterbricht bei vielen Kindern diese Art von Bindungsprozess. Wenn die Lieblingserzieherin die Krippe oder Kita verlässt, fühlt sich das Kind, solange es keine neue Ersatzbeziehung zu einer anderen Erzieherin aufgebaut hat, so unglücklich und alleingelassen wie Zahra.

Nils (5) geht gerne in seine Kita. Manchmal will er nachmittags gar nicht abgeholt werden, so gut gefällt sie ihm. Weswegen seine Eltern etwas ratlos sind, weil er plötzlich so traurig und abwesend wirkt, wenn er aus der Kita kommt, ihnen den Grund dafür aber nicht verraten will.

In der Kita hatten sich unter den Jungen zwei Banden gebildet, die »Räuberbande« und die »Piratenbande«. Malik, ein Jahr älter als Nils und von diesem bewundert, weil er der Boss unter den Kitakindern war, führte die »Räuberbande« an und hatte schon fünf andere Kinder hinter sich versammelt, Jungen und Mädchen. Nils wollte auch gern in seiner Bande sein, aber Malik wollte unter sich nur die »Starken« haben und schloss ihn aus.

Von einer Gruppe anderer Kinder ausgeschlossen zu werden, trifft alle Kinder gleichermaßen, egal, was immer der Grund dafür sein mag. Sie fühlen sich ausgegrenzt, wertlos und übersehen. Schon im Kitaalter befragen sie sich selbst, warum sie an etwas, das andere Kinder offensichtlich vereint, nicht teilnehmen dürfen. Haben sie etwas an sich, was andere Kinder an ihnen nicht mögen? Sind sie zu klein, zu dick, zu schwach? Auch dies ein Grund, ihren Eltern nichts davon zu verraten, weil sie sich für sich selbst schämen.

Finden sie dann nicht schnell »Ersatz« bei einer Freundin, einem Freund, zum Beispiel aus der Nachbarschaft oder in einer anderen Kindergruppe, schleppen sie diesen Makel oft über einen längeren Zeitraum mit sich herum. Sie sagen nichts, aber fühlen sich unglücklich und von niemandem akzeptiert und anerkannt.

Wenn Erzieherinnen mitbekommen, dass ein Kind ausgeschlossen wird oder sich ausgeschlossen fühlt, sorgen sie meistens dafür, dass es wieder seinen Platz in der Gruppe, in der es sich befindet, zurückbekommt. Eltern, die davon erfahren, sollten nicht sofort aktiv werden, denn es ist für ein Kind eine gute Erfahrung, wenn es sich seinen Platz und seine Zugehörigkeit zu anderen Kindern selbst wieder zurückerobert. Aber ihr Kind, das sich ausgeschlossen und einsam fühlt, braucht zu Hause jetzt ihre besondere Zuwendung. Vielleicht sprechen sie auch über ihre eigene Erfahrung, als Kind einmal von etwas ausgeschlossen worden zu sein, und was sie dabei gefühlt haben. Ausgeschlossen zu werden erlebt nahezu jedes Kind, und Eltern können ihm anhand eigener Erfahrungen zeigen, wie es ihnen schon kurze Zeit später gelungen war, Anschluss an andere Kinder und Freunde zu finden.

Schulkummer

Schulkummer hat neben anderen Ursachen meistens mit Schulnoten und Leistung zu tun. Manchmal führt auch zu hoher Leistungsdruck vonseiten der Eltern dazu, dass sich Kinder, die in der Schule weniger gut mitkommen als andere, unglücklich fühlen. Doch auch das ganze System Schule mit seinen Noten, Tests, Prüfungen und Problemen, die einzelne Schüler mit ihren Lehrerinnen und Lehrern haben, trägt dazu bei.

Natürlich geht es in der Schule auch um Leistung, aber häufig bleiben andere Faktoren, die das Erleben und Lernen von

Kindern und Jugendlichen in der Schule maßgeblich beeinflussen, zu wenig berücksichtigt. Dazu gehört, sich an seiner Schule wohl und respektvoll behandelt zu fühlen. Denn Lehrer und Lehrerinnen können Kindern und Jugendlichen, wenn sie über eine hinreichend gute pädagogische Beziehungskompetenz verfügen, bei Problemen und Schwierigkeiten helfen, die auch, aber nicht nur mit Schule und Unterricht zu tun haben.[46] Sie sind keine Therapeuten oder Therapeutinnen, aber sie können dennoch wichtige Adressaten für solche Schüler sein, denen es nicht gutgeht und die sich, aus welchen Gründen auch immer, gerade unglücklich, verlassen oder einsam fühlen. Denken Erwachsene an besonders gute Lehrer aus ihrer eigenen Schulzeit, sind es gerade diejenigen, von denen man sich nicht nur um seiner Leistung willen, sondern als ganzer Mensch akzeptiert und angenommen gefühlt hat. Manchen Schulen bedeutet eine solche Schulkultur sehr viel, sie verfügen über multiprofessionelle Teams, denen auch Psychologen und Sozialarbeiter angehören, aber es sind immer noch viel zu wenige.

Lars (10) lebt in einer sehr leistungsorientierten Familie. »Wenn man nur will, kann man es weit im Leben bringen«, das ist ihr Grundsatz. Seine Mutter und sein Vater haben es so zu etwas gebracht, wie sie sagen, beide arbeiten im mittleren Management einer Firma. Seine ältere Schwester ist Klassenbeste. Lars hingegen kommt in der Schule nicht so gut klar. Jetzt wollen seine Eltern unbedingt, dass auch er ins Gymnasium kommt, obwohl die Klassenlehrerin davon abrät. Lars sei ein höflicher und interessierter Junge, hilfsbereit, vielleicht ein wenig zu schüchtern. Bei schwierigen Aufgaben komme er häufig nicht mit, würde dann oft stumm resignieren und bei schlechten Noten sogar anfangen zu weinen. Es komme auch vor, dass sich dann andere Kinder über ihn lustig machen. Ihr tue Lars sehr leid.

Lars ist in der Schule unglücklich und hat auch allen Grund dazu. Eigentlich will er es seinen Eltern recht machen, wie die meisten Kinder in diesem Alter, aber er schafft es nicht. Statt Anerkennung bekommt er zu Hause nur zu hören, sich nicht genug anzustrengen. Einmal hat sein Vater ihm gesagt, er sei offensichtlich nicht nur faul, sondern noch dazu dumm. Wenn Lars abends nicht einschlafen kann, denkt er manchmal daran, sterben zu wollen. Wenn die Liebe zu einem Kind von seiner Leistung in der Schule abhängig gemacht wird, fühlt es sich unendlich verlassen und allein.

Die Schulangst von Lars hat nicht mit der Schule zu tun, sondern mit seinen Eltern, die in der Schule etwas von ihm verlangen, das er offensichtlich nicht erbringen kann. Das ahnt auch seine Lehrerin. Nur ein Elterngespräch könnte weiterhelfen, das seine Stärken und nicht nur seine mittelmäßigen Leistungen betont. Ohne sie vor den Kopf zu stoßen, könnte sie versuchen, Lars' Eltern behutsam zu erklären, ihren Sohn zu Hause nicht mehr so stark unter Leistungsdruck zu setzen, weil dies alles nur noch schwieriger machen würde. Vielleicht könnte sie in diesem Fall auch einen Schulpsychologen zu Rate ziehen, der ein gemeinsames Gespräch mit Lars und seinen Eltern führt.

Lira (7) geht gerne in die Schule. Sie ist ein bisschen verträumt, und oft, als hätte sie es darauf abgesehen, erwischt ihr Lehrer sie dabei, nicht aufgepasst zu haben. »Madame war mit ihren Gedanken mal wieder woanders«, sagt er dann. Und bei einer solchen Gelegenheit fällt der Satz, der sie seitdem so beschäftigt: »Vielleicht bist du auch einfach noch zu klein, um in die Schule zu gehen.« Lira fängt an zu weinen, was alles noch schlimmer macht, denn einige Kinder fangen an zu kichern. Am liebsten würde sie im Boden versinken und ganz weit weg und woanders sein. Ihr Lehrer setzt sie in die erste Reihe. »Dann wirst du vielleicht besser hinhören und aufpassen.«

Lira fühlt sich seitdem in der Schule unglücklich und nicht anerkannt. Aber sie kann im Gegensatz zu vielen anderen Kindern ihren Eltern von ihrem Schulkummer erzählen. Die sprechen ihr Mut zu und sagen, was für ein tolles Mädchen sie doch sei. Mit dem Lehrer versuchen sie zu sprechen, aber der sagt ihnen nur, sie sollten Lira ein bisschen mehr »rannehmen«, sie gehe schließlich nicht mehr in den Kindergarten. Als sich die Situation weiter zuspitzt und ihre Tochter immer unglücklicher wird, überlegen sie gemeinsam, dass es vielleicht das Beste wäre, Lira käme in eine andere Klasse oder würde die Schule wechseln. Nach einigem Hin und Her kommt sie in die Parallelklasse, in der sie sich viel wohler fühlt. Sie spürt, dass die neue Lehrerin sie mag, auch wenn sie mit ihren eigenen Gedanken oft immer noch ein bisschen woanders ist.

Paul (14) ist bislang immer gerne zur Schule gegangen. Zwar war er kein Musterschüler, seine Eltern haben es von ihm aber auch nicht erwartet. In der 9. Klasse hat er einen neuen Klassenlehrer bekommen, der es, wie Paul seinen Eltern erzählt, auf ihn abgesehen habe. Warum, kann er sich nicht erklären, weiß aber von anderen, dass dieser Lehrer dafür berüchtigt ist, jemanden, den er nicht leiden kann, »fertigzumachen«. Einmal, als Paul die Stelle des Buches, in dem sie gerade lasen, nicht auf Anhieb finden konnte, hat dieser Lehrer vor allen anderen gesagt, er sei »zu gestört, um diese Schule zu besuchen«. Paul wäre am liebsten im Boden versunken.

Die Schule ist vielleicht *der* Ort, an dem sich die meisten Kinder und Jugendlichen immer wieder einmal unglücklich fühlen, manche von ihnen sogar ständig. Noch immer werden viel zu viele – wie auch Paul in unserem Beispiel – im Unterricht von ihren Lehrern gedemütigt und vor ihren Mitschülern bloßgestellt.[47] Dann bekommen sie Angst vor der Schule, eine Angst, die sie in ihrem Denken einengt und blockiert. Manchmal haben sie auch Angst vor ihren Eltern, von denen sie sich abgelehnt fühlen, wenn sie ihnen von ihren Schwierigkeiten im Schulalltag erzählen. Und denen Zensuren und Zeugnisse wichtiger sind, als dass sich ihre Kinder in der Schule auch wohlfühlen. Schulen machen auch dann unglücklich, wenn Kinder zu Hause zu wenig Unterstützung bekommen, um mit den anderen mithalten zu können. Wenn sie arm sind und bei der Klassenfahrt finanzielle Unterstützung brauchen. Schulen machen unglücklich, weil sie die Kinder behandeln, als seien sie alle gleich. Schulen sind Orte, an denen sich das Unglück für Kinder also besonders wohlfühlt.

Für Paul ist es wichtig, bei seinen Eltern Rückhalt zu finden. Wenn ihre Kinder in der Schule *auf Dauer* unglücklich sind, müssen Eltern etwas unternehmen. Dann geht es auch nicht darum, sich bei jeder Kleinigkeit über irgendetwas zu beschweren. Denn eigentlich sind Schulen gute Orte für Kinder, dort können sie ihre Freundinnen und Freunde treffen, mit ihnen gemeinsam Pläne für später schmieden und sich verabreden, und wenn sie älter sind, sogar verlieben. Als in der Corona-Zeit viele Schulen geschlossen wurden, haben sich die meisten Kinder und Jugendlichen gewünscht, genau deswegen wieder in die Schule gehen zu können.

Mobbing

Mobbing ist wohl einer der am meisten ernst zu nehmenden Gründe, weshalb sich viele Kinder und Jugendliche unglücklich fühlen. Mobbing kann überall stattfinden, in der Schule, auf dem Schulweg, in der Freizeit, im Netz. Dort werden Kinder oft anonym gemobbt, was sie noch hilfloser werden lässt, aber in vielen Fällen werden sie von jemandem gemobbt, den sie kennen.

Nael (9) ist für sein Alter noch sehr klein, zudem spricht er nicht so gut Deutsch wie seine Klassenkameraden. Deswegen wird er von manchen seiner Mitschüler gehänselt und ausgeschlossen. Auf dem Schulhof ruft ihm ein älterer Schüler immer wieder zu, er solle doch dahin zurückgehen, wo er herkommt. Ein anderer aus seiner Klasse schubst ihn um und lacht, wenn er hinfällt. Gleichzeitig sagt er Wörter zu ihm, die Nael nicht versteht, die sich aber nicht gut anhören. Ein paar, die es mitbekommen, lachen dann. Einmal findet er auf seinem Stuhl einen Zettel mit einer anzüglichen Zeichnung. Er ist verzweifelt und unglücklich und will nicht mehr in die Schule gehen. Sein Vater aber sagt, er solle »ein Mann« sein und sich wehren.

Naels Vater beschützt ihn nicht, etwas, was sich alle Kinder, die gemobbt werden, von ihren Eltern wünschen, um bei ihnen Schutz und Zuflucht zu finden. Eigentlich interessiert ihn gar nicht, wie es seinem Sohn geht. Stattdessen gibt er indirekt ihm die Schuld, gemobbt und gehänselt zu werden, weil er sich nicht richtig »wie ein Mann« wehrt.

Sich selbst die Schuld zu geben, weil sie gemobbt werden, ist für manche Kinder der einzige Ausweg, um sich zu erklären, warum man sie nicht mag und drangsaliert. An manchen Schulen gibt es für jemanden wie Nael Anlaufstellen, wo sie Hilfe und Beistand finden können. Vielleicht aber bemerkt auch ein Mitschüler, wie sehr Nael leidet, von anderen beleidigt zu werden, und organisiert Hilfe.

Amiri (11) wird seit zwei Jahren in ihrer Schule gemobbt. Bis dahin war sie ein fröhliches und selbstbewusstes Mädchen, kam gut aus mit ihren Lehrerinnen und Mitschülerinnen, und ihre Eltern freuten sich genauso wie bei ihrer älteren Schwester über ihre guten Schulleistungen. Aber dann fing es an, zunächst noch ganz harmlos: »Amiri, kleines Moppelchen, mal wieder zu viel gegessen?« Amiri selbst fand sich nicht dick, auch nicht dünn, eher »so dazwischen«. Tatsächlich hatte sie zu Hause mit acht Jahren angefangen, etwas mehr zu essen, vielleicht, um sich von ihrer schlanken Mutter und vier Jahre älteren Schwester zu unterscheiden, die sehr auf ihr Gewicht achteten und beim Essen ständig darüber sprachen, wie sie darauf aufpassten, nicht zu viele Kalorien zu sich zu nehmen. Amiri selbst machte es zunächst gar nichts aus, nicht so dünn zu sein wie ihre Mutter und Schwester, allerdings warnte ihre Schwester sie ständig, bloß nicht so viel zu essen, um nicht, wie sie sich ausdrückte, »fett« zu werden. Als ihre beste Freundin die Schule wechselte, fühlte sich Amiri sehr allein und einsam. Zu Hause gab es viel Streit unter ihren Eltern, ihre Schwester hatte einen Freund und ließ sich selten blicken. Amiri fing an, immer mehr zu essen. Zu Hause, in der Schule und unterwegs. Das Mobbing wurde schlimmer. Auf dem Schulhof rief ihr eine Klassenkameradin »Na Fetti« hinterher, und alle lachten. Auf ihrem Stuhl lag ein Zettel, darauf die primitive Zeichnung eines Kloßes. So ging es Woche für Woche weiter, und Amiri wurde immer unglücklicher. Von ihrer Tortur traute sie sich nicht zu erzählen, weder ihren Eltern noch ihrer Lehrerin.

Wie viele andere Kinder wollte Amiri ihren Eltern ihr Leid nicht anvertrauen. Ihre Mutter war sehr mit sich selbst beschäftigt, der Vater musste als Chef eines IT-Unternehmens viel arbeiten und war wenig zu Hause. Und wenn, dann gab es häufig Streit, auch weil ihre Mutter, die an ihrer Ausbildung zur Physiotherapeutin arbeitete, ihm vorwarf, immer nur an sich zu denken. Obwohl das Mobbing in der Schule nun schon zwei Jahre lang andauerte, lief bei ihr zu Hause alles weiter wie gewohnt. Auch in der Schule sagte Amiri nichts davon, wie sehr sie darunter litt, immer wieder darauf angesprochen zu werden, wie »fett« sie sei. Ihre Lehrerin sprach sie lediglich einmal darauf an, dass ihre Noten sich immer mehr verschlechterten, und forderte sie auf, mehr zu lernen. Ihre Eltern verordneten ihr Nachhilfeunterricht.

In diesem Buch habe ich schon mehrfach darauf hingewiesen, wie wichtig es ist, das Unglück von Kindern wahrzunehmen, aber auch, wie schwierig dies manchmal sein kann. Kinder geben aus unterschiedlichen Gründen ihren Eltern gegenüber nur ungern zu, dass sie sich unglücklich fühlen. Zudem sah sich Amiri mit einer von ihrem Aussehen und ihren Schulleistungen her äußerst erfolgreichen Schwester konfrontiert. Ihr Unglück wurde letztlich von allen übersehen. Obwohl sie in ihrem Alter durchaus in der Lage war, darüber mit jemandem zu sprechen, dass sie unglücklich, verzweifelt und traurig war, fand sie bei sich zu Hause und in der Schule niemanden, dem sie sich hätte anvertrauen und über das Mobbing hätte sprechen können.

In diesem Fall konnte ein Gespräch mit Amiri über ihr Unglücklichsein nicht stattfinden, obwohl man es ihr eigentlich hätte ansehen müssen. Denn sie wirkte oft traurig, wich den Blicken ihrer Eltern aus und ging nach dem gemeinsamen Essen sofort in ihr Zimmer, zog sich die Kopfhörer über den Kopf und tauchte in der Musik unter, die sie gerne hörte. Auch dass ihre Tochter in der Schule oder in ihrer Freizeit keine richtige Freundin hatte, fiel ihren Eltern nicht weiter auf. Ihnen fehlte einfach der Blick dafür, sie waren hauptsächlich mit sich selbst beschäftigt und gingen davon aus, dass sich jeder selbst helfen muss, wenn es Probleme gibt. Außerdem sei es in Amiris Alter normal, sich zurückzuziehen und, wie sie es nannten, mufflig zu sein, sie käme schließlich bald in die Pubertät.

Mobbing zielt fast immer auf vermeintliche oder vorhandene Schwächen eines Kindes oder Jugendlichen ab, mit der Folge, dass sich die Betroffenen zunehmend abgewertet fühlen. Das Mobbing bezieht sich dabei oft auf körperliche Eigenschaften wie das

Aussehen des oder der Betroffenen oder auf angeblich vorhandene charakterliche Schwächen. Die Kinder und Jugendlichen fühlen sich den gehässigen Kommentaren gegenüber wehrlos und fangen an, an sich selbst zu zweifeln. Sie behalten es für sich, weil sie sich schämen oder Angst haben, dass alles noch viel schlimmer wird, wenn sie ihren Eltern davon erzählen, die dann aktiv werden könnten und alles nur noch schlimmer machen. Deswegen ist es so wichtig, dass sie sich auch außerhalb des Elternhauses an jemanden wenden können, der ihnen hilft oder mit ihren Eltern redet.

Eltern, die ihre Kinder feinfühlig im Auge behalten, können ihnen am besten helfen. Sie bemerken, dass sich das Verhalten ihres Kindes plötzlich verändert hat, und greifen ein, wenn die Probleme, die das Kind offensichtlich hat, zu lange bestehen bleiben. Ein offener Umgang mit Problemen in der Familie und die Bereitschaft, Interesse für ihr Kind zu zeigen, ohne sich ihm dabei aufzudrängen, sind das beste Gegengift von Eltern, um ihren Kindern, wenn sie gemobbt werden, zu helfen. Auch über eigene ähnliche Erfahrungen zu sprechen, und wie man sich gegen Mobbing zur Wehr setzen konnte, kann helfen. Wenn man sie nicht hat, kann man sie schließlich auch einfach erfinden. Dies gilt auch für das Cyber-Mobbing, von dem im nächsten Beispiel die Rede ist, und von dem Eltern häufig nichts mitbekommen.

*Max (15) wird im Netz »gedisst«. In seiner Klasse gibt es eine WhatsApp-Gruppe von sieben Schülern, an der man nur teilnehmen darf, wenn die ganze Gruppe dem zustimmt. Von einem Schultag auf den anderen fällt Max auf, dass ein Teil seiner Mitschüler ihn seltsam ansieht und sich im Bus zur Schule von ihm wegsetzt. Er kann sich dieses Verhalten nicht erklären, es macht ihn unsicher und gleichzeitig wütend. Was ist los? Als er einen seiner Mitschüler danach fragt, antwortet dieser: »Weißt du doch selber, kleiner F***.«*

Das Schlimme am Cyber-Mobbing ist, dass es oft über einen Fake-Account geschieht, der Absender also anonym bleibt. Da es zwischen Täter und Opfer keinen direkten Kontakt gibt, ist die Hemmschwelle stark herabgesetzt, den Betroffenen oder die Betroffene zu entwürdigen. Dies geschieht mithilfe von Fake-News, aber auch, indem anzügliche Bilder, zum Beispiel von einer Party oder einem Clubbesuch, an deren Ende alle betrunken waren, ins Netz gestellt werden. Für die Betroffenen ist es besonders schwierig, sich dagegen zu wehren, sie fühlen sich machtlos, außerdem ist es nicht einfach, entsprechende Nachrichten oder Bilder wieder aus dem Netz herauszubekommen, wenn sie bereits weiter gepostet wurden.

Im Fall von Max wurde, aus welchen Gründen auch immer, in die klasseninterne WhatsApp-Gruppe eine üble, ihn verletzende Nachricht gestellt, die auch bei anderen Schülern, die davon erfuhren, schnell die Runde machte, von der Max selber zunächst aber gar nichts wusste. Als er endlich davon erfuhr, wandte sich Max mutig an einen Lehrer, den er mochte und dem er vertraute. Es wurde eine Untersuchung eingeleitet, die WhatsApp-Gruppe verboten, und die Schüler wurden bestraft. Dennoch blieb, wie es beim Cyber-Mobbing häufig der Fall ist, zunächst etwas von dem, was da in den WhatsApp-Nachrichten zu lesen war, an Max hängen, und er fühlte sich noch über Wochen hinweg von einem Teil der Schüler in seiner Klasse isoliert.

Zerbrochene Freundschaften

Im Kindesalter ist es ganz normal, dass Freundschaften zu anderen Kindern auch irgendwann wieder aufhören. Kinder, zumindest bis zum Pubertätsalter, haben oft viele Freundinnen und Freunde, dann fällt es gar nicht so auf und sie können den Verlust eines

Freundes oder einer Freundin oft leicht mit einer anderen kompensieren. Aber nicht bei allen Kindern ist dies der Fall.

Als Jule (12) neulich nach Schulschluss wie immer mit ihrer besten Freundin Esther nach Hause gehen wollte, war diese plötzlich vom Schulhof verschwunden. Jule suchte sie überall und machte sich dann traurig allein auf ihren Rückweg. Als sie am nächsten Tag wieder nach ihr suchte und sie schließlich fand, teilte ihr Esther mit, nicht mehr länger ihre Freundin zu sein, und ließ sie einfach stehen. Für Jule ging die Welt unter, und zu Hause angekommen, schloss sie die Tür ihres Zimmers hinter sich ab und fing an, verzweifelt zu weinen. Ihre Eltern schoben es auf ihr Alter und die beginnende Pubertät und nahmen wenig Notiz davon.

Für Kinder, ob Jungen oder Mädchen, verursachen zerbrochene Freundschaften besonders dann, wenn es der »einzige Freund« oder die »einzige Freundin« ist, die sie haben, großen Kummer und auch Verlassenheitsängste. Denn eine gute Freundin oder ein guter Freund sorgen außerhalb des Elternhauses für Sicherheit und das Gefühl, gemocht und anerkannt zu sein. Besonders, wenn dem Kind daheim diese Sicherheit und Anerkennung fehlen, wie es offensichtlich bei Jule der Fall war, wird durch den Verlust einer Freundschaft für das Kind oder die Jugendliche plötzlich alles infrage gestellt, und die zerbrochene Freundschaft fühlt sich an, als würde die ganze Welt untergehen.

Wenn sich jüngere Kinder förmlich an ein anderes Kind anklammern oder, wie im Falle der schon etwas älteren Jule, den Verlust einer Freundin nur schwer oder gar nicht verarbeiten können, hat es also oft damit zu tun, dass sie sonst nur wenig Zuneigung von anderen, auch ihren Eltern, erfahren. Ihr Selbstwert ist nicht so stark entwickelt, um über den Verlust einer Freundschaft hinwegzukommen, und häufig fühlen sie sich dadurch noch wertloser und minderwertiger. Auch verfügen sie oft zu wenig über die Erfahrung, selbstwirksam werden zu können, und geben schnell auf, einen neuen Freund oder eine neue Freundin zu finden, weil sie es sich nicht zutrauen oder weil sie nicht glauben, dass andere sie mögen können. Sie brauchen jetzt von ihren Eltern viel Verständnis, Anerkennung und Bestätigung, wertvoll und liebenswert zu sein: »Ich verstehe, dass es dir viel ausmacht, deine Freundin verloren zu haben. Aber du bist doch ein so tolles Mädchen und findest sicherlich schon bald wieder eine neue Freundin.« Es tut den Kindern auch gut, wenn ihre Eltern über eigene Erfahrungen mit zerbrochenen Freundschaften sprechen, darüber, dass man eine Zeitlang ebenso gelitten hat, aber dann doch wieder eine Freundin oder einen Freund gefunden hat, mit dem man sogar heute noch ab und zu in Kontakt steht.

Liebeskummer

Jan (15) ist in der Pubertät. In der Schule hat er es besonders auf ein Mädchen in seiner Klasse abgesehen, in das er sich, wie er einem Freund mitteilt, unsterblich verliebt habe. Immer wieder muss er an es denken. Wenn er zu Hause ist, nimmt er sich jeden Tag aufs Neue vor, es auf dem Schulhof anzusprechen. Vielleicht würde sie ja nach der Schule mit ihm in die Stadt gehen, oder sie könnten am Wochenende zusammen etwas gemeinsam unternehmen. Eines Tages sieht er sie in der Stadt Arm in Arm mit einem älteren Freund. Jan hat das Gefühl, als würde der Boden unter ihm nachgeben und er vor lauter Verzweiflung förmlich darin versinken.

Liebeskummer kennt keine Altersgrenzen. Schon Fünfjährige können sich auf ihre Weise im Kindergarten unsterblich verlieben, vielleicht auch deswegen, weil sie in Kinderfilmen oder von älteren Geschwistern davon erfahren haben. Aber mit erwachender Sexualität und den sie oft begleitenden Gefühlen von Unsicherheit und Scham kommt für die jungen Menschen eine neue Dimension hinzu. Das Gefühl, sich in jemanden zu verlieben, ist so mächtig, es erfüllt derart alle Sinne und Gedanken und ist gleichzeitig so ungewohnt und fremd, dass die Ablehnung dieses plötzlichen Begehrens das ganze Leben und die eigene Existenz infrage zu stellen scheint. Man fällt vor lauter Angst und Verzweiflung in ein tiefes Loch, manchmal begleitet von dem Gedanken, am liebsten sterben zu wollen. Unglücklicher geht nicht. Zumindest so lange, bis man sich erneut in jemanden verliebt hat …

Gespräche mit Eltern helfen hier meistens nicht weiter. Gerade in der Pubertät will man ihnen mit solchen Themen wie Liebe und Sexualität nicht kommen und alles, was damit zusammenhängt, am liebsten allein mit sich ausmachen. Dennoch besteht gerade in diesem Alter die Möglichkeit, sich Freunden oder Freundinnen anzuvertrauen – sich verliebt zu haben ist schließlich kein ganz unbekanntes Phänomen unter ihnen, und man kann unzählige gemeinsame Stunden mit diesem Thema verbringen. Schließlich gibt es dafür genügend Vorbilder in Serien und Filmen. Wie bei so vielen anderen Anlässen, unglücklich zu sein, die wir bereits kennengelernt haben, hilft auch hier am besten, mit denen, die man mag und denen man vertraut, zu sprechen und gemeinsame Erfahrungen miteinander zu teilen.

Sexuelle Orientierung

Im Gegensatz zu früher ist es heute kein »Unglück« mehr, als Erwachsener schwul, lesbisch oder trans zu sein. Homosexualität wird in unserer Gesellschaft von breiten Teilen der Bevölkerung akzeptiert. Bekannte Politiker und Politikerinnen bekennen sich dazu, schwul oder lesbisch zu sein, ebenso Schauspieler, Sportlerinnen und Popstars. Darüber hinaus hat die LBGTQ+-Bewegung auch andere Formen sexueller Orientierung öffentlich gemacht und aus ihrer Tabuzone befreit, was zum Beispiel jene betrifft, die sich nicht mit dem Geschlecht identifizieren können, das ihnen bei ihrer Geburt zugewiesen wurde. Dennoch bewegen sich besonders Jugendliche immer noch auf dünnem Eis, wenn sie mit anderen darüber das Gespräch suchen, weil sie häufig nicht wissen, wie der oder die andere darauf reagiert. Erst recht gehören die eigenen Eltern dazu.

Sine (16) fühlt sich schon länger von Mädchen stärker angezogen als von Jungen. Sie träumt sogar davon, mit ihrer Freundin zu schlafen, aber sie traut sich nicht, es ihr zu sagen. Andererseits ist sie sich aber auch immer wieder unsicher, ob sie wirklich lesbisch ist oder bloß neugierig auf eine sexuelle Erfahrung, wie sie andere Mädchen in ihrem Alter auch schon gehabt haben. Das alles beschäftigt sie umso mehr, weil in ihrer Klasse die meisten heterosexuelle Beziehungen haben und sie immer wieder darauf ansprechen, was eigentlich mit ihr los sei und warum sie noch keinen Freund habe. Sine fühlt sich dann sprachlos und einsam und erfindet irgendwelche Ausreden. Sich mit all ihren Zweifeln als lesbisch zu outen, traut sie sich nicht, weder vor ihren Eltern noch vor ihren Freundinnen. Außerdem ist sie sich noch gar nicht so sicher. Neulich sah sie auf dem Schulhof einen, wie sie fand, ziemlich attraktiven Jungen, zu dem sie sich auch stark hingezogen fühlte. Sie ist innerlich verwirrt und weiß nicht so recht, was sie mit ihren sich widersprüchlichen Gefühlen anfangen soll.

Sven (17) fühlte sich schon früh in seinem männlichen Körper unwohl. Seit er sich erinnern kann, wollte er immer schon lieber ein Mädchen als ein Junge sein. Aber erst mit Eintritt in die Pubertät war er sich sicher, im falschen Körper zu leben. Obwohl er sehr verständnisvolle Eltern hat, traut er sich nicht, ihnen zu sagen, dass er sein Geschlecht am liebsten ändern würde. Eigentlich traut er sich dies keinem zu sagen, obwohl er weiß, dass seine Gefühle hinsichtlich seiner Geschlechtsidentität weder abartig noch pervers sind, und dass es auch andere gibt, die ähnlich fühlen wie er. Sven fühlt sich dennoch einsam und unglücklich, weil er glaubt, dass niemand ihm helfen kann.

Wenn junge Menschen sich Fragen über ihre sexuelle Orientierung stellen, spüren sie bei sich trotz allen medialen Interesses, das dieses Thema mittlerweile hervorruft, immer noch eine gewisse Unsicherheit und Sprachlosigkeit, oft verbunden mit dem Gefühl, »falsch« und nicht »richtig« zu sein. Weil Eltern in diesem Alter nur sehr selten die Adressaten ihrer Probleme sind und sie mit ihnen, insbesondere, was das Ausleben ihrer Sexualität betrifft, nur ungern sprechen, müssen sie sich oft heimlich damit beschäftigen, vielleicht schwul, lesbisch oder, was seltener vorkommt, trans zu sein. Auch mit ihren Freundinnen und Freunden fällt es oft schwer, sich zu diesem Thema auszutauschen. Ihre Umgebung ist mehrheitlich heterosexuell unterwegs, der Anpassungsdruck ist entsprechend groß, und die Angst, als schwul oder lesbisch »entdeckt zu werden«, ist bei vielen Jugendlichen immer noch latent vorhanden. Gegenüber den eigenen Eltern überwiegen oft Schamgefühle, sich zu outen, oder die Angst, von ihnen als schwul vielleicht nicht mehr so akzeptiert und geliebt zu werden wie früher, als mit ihnen noch »alles in Ordnung« war. Ihr Outing erfolgt dann häufig in einem Alter, in dem sie nicht mehr abhängig von ihnen sind und auch nicht mehr mit ihnen unter einem Dach wohnen. Mit der nun neu gewonnenen Freiheit als junge Erwachsene nehmen in den meisten Fällen ihre Ängste und Einsamkeitsgefühle ab und sie fühlen sich in einer neuen Community sicher aufgehoben und ebenso angenommen wie ihre heterosexuellen Freundinnen und Freunde.

Während das Outing als schwul oder lesbisch mit zunehmendem Alter also einfacher geworden ist, stellt dies für Trans-Menschen immer noch ein größeres Problem dar. Nicht zuletzt deswegen, weil es anderen, ob Eltern, Freunde, aber auch Ärzten oder Therapeutinnen, oft schwerfällt, sich in sie einzufühlen. Oft reagieren sie dann eher irritiert oder sind überfordert, entsprechende Fragen zu beantworten und Hilfe anzubieten. Dann bleibt als Ausweg häufig nur, sich Informationen aus dem Netz zu holen oder sich von einer ihnen entsprechenden Community helfen zu lassen.

Umzug

Wenn Kinder aus ihrer gewohnten Umgebung herausgerissen werden, entsteht schnell eine sie belastende Situation. Zwar fühlen sie sich in ihrer familiären Umgebung weiterhin wohl, und gerade für jüngere Kinder bleibt ihre Familie auch in dieser Situation ein wichtiger sicherer Hafen, in den sie immer wieder zurückkehren können. Dennoch fühlt sich das Neue für Kinder und auch Jugendliche anfangs noch fremd und unsicher an und weckt bei ihnen manchmal die starke Sehnsucht, dass alles wieder so wird wie vorher.

Sira (8) ist umgezogen, denn ihr Vater hat in einer anderen Stadt eine neue Arbeit gefunden. Vorausgegangen war eine Phase, in der ihre Eltern viel Stress hatten und miteinander gestritten haben. Für Sira fühlt sich ihre neue Umgebung fremd an. In der Schule kennt sie niemanden, außerdem sprechen manche Kinder in einem Dialekt, den sie kaum versteht. In dieser Situation fühlt sie sich einsam und allein, auch weil sie ihre früheren Freundinnen nicht mehr treffen kann. Sira ist unglücklich, und es dauert einige Monate, bis sie sich in ihrer neuen Umgebung wieder zurechtfindet und neue Freunde und Freundinnen kennenlernt.

Wenn Kinder mit ihren Eltern zusammen umziehen, bedeutet dies nicht automatisch, dass sie das unglücklich macht. Manche finden es sogar spannend, schließen schnell neue Bekanntschaften und finden sich in der neuen Kita oder Schule bald wieder zurecht. Andere Kinder wie Sira haben mehr Schwierigkeiten. Vielleicht fiel es ihnen schon immer etwas schwerer, sich mit etwas Neuem und Unerwartetem zu arrangieren, egal, ob es der Kindergarten oder später ein Schulwechsel war. Sira zum Beispiel war etwas schüchtern und ängstlicher als andere Kinder und hing einfach mehr als andere Kinder an dem, was sie kannte und wo sie sich deswegen auch leichter zurechtfinden konnte. Hinzu kamen bei ihr die Konflikte ihrer Eltern, die auch ihre Umzugspläne betrafen. Sie war verunsichert, wie es für alle im neuen Umfeld weitergehen sollte, und vermisste ihre alte Umgebung, weil sie ihr Sicherheit und Halt versprach, insbesondere ihre Lehrerin, mit der sie sich so gut verstand. Es ist jetzt die Aufgabe ihrer Eltern und auch derer, die sie pädagogisch betreuen, sich ganz besonders um sie zu kümmern, damit sie ihren gewohnten Halt und die Sicherheit in dem, was ihr zunächst fremd vorkommt, wiederfindet.

Trennung und Scheidung

Wenn sich die Eltern eines Kindes oder Jugendlichen trennen oder scheiden lassen, ist dies einer der häufigsten Gründe dafür, dass Kinder sich unglücklich fühlen. Die Trennung und Scheidung der Eltern gehört mit zu den einschneidendsten Erlebnissen im Leben eines Kindes. Denn Kinder lieben *beide* Eltern und fühlen sich *beiden* zugehörig. Wenn dieses Band reißt, reißt auch etwas mitten in ihnen entzwei. Bis auf sehr wenige Ausnahmen gibt es keine glücklichen Trennungskinder. Nahezu alle sind zum Zeitpunkt der Trennung ihrer Eltern sehr unglücklich.

Die Eltern von Erik (4) haben sich gerade getrennt. Vor einigen Tagen ist sein Vater ausgezogen. Als Erik eines morgens aufwacht, fragt er seine Mutter: »Habt ihr mich noch lieb?«

Inga (8), deren Eltern sich vor einem halben Jahr getrennt haben, erzählt ihrem Vater von ihrem Traum, den sie letzte Nacht gehabt hat: »Ich habe auf einem hohen Berg gesessen, der war ganz kahl, da waren keine Bäume mehr, nur graue Felsen. Um mich herum war es ganz dunkel und ich hatte Angst, in die Tiefe zu stürzen. Dann bin ich aufgewacht. Zum Glück bist du dagewesen.«

Lukas (9) ist das, was man ein lebhaftes Kind nennt. Ordnung zu halten ist für ihn ein Ding der Unmöglichkeit. »Die Unordnung in deinem Zimmer raubt mir noch den Verstand«, sagt seine Mutter, »du bist jetzt alt genug, um vor dem Schlafengehen aufzuräumen.« Und der Vater hat einmal halb im Scherz zu ihm gesagt: »Wenn du weiter so ein Chaos in unserer Wohnung veranstaltest, dann muss ich wohl ausziehen.« Und dann ist er sechs Monate später ausgezogen, weil seine Frau sich von ihm getrennt hat. Lukas glaubt, dass er Schuld an der Trennung seiner Eltern hat.

Die Eltern von Emma (12) haben sich getrennt. Schon lange haben sie und ihre kleine Schwester die lautstarken Streitereien ihrer Eltern mitbekommen, manchmal flogen auch Gegenstände. Jetzt streiten ihre Eltern vor Gericht, bei wem sie wohnen soll, bei der Mutter, dem Vater oder mal da, mal dort. Zudem sollen sie einer Frau vom Gericht selbst etwas dazu sagen, bei wem sie lieber wohnen wollen, was den beiden unendlich schwerfällt. Außerdem, das hat Emma auch schon mitbekommen, geht es wohl um Geld und darum, wer das Haus, in dem sie immer noch mit ihrer Mutter wohnen, behalten darf.

Sophie (18) hat während ihrer Auslandsreise am Telefon davon erfahren, dass ihre Eltern sich trennen wollen. Ihr Vater habe eine neue, jüngere Freundin und wolle so schnell wie möglich ausziehen, so erzählt es ihre Mutter. Für Sophie bricht die Welt zusammen. Dass sich ihre Eltern eines Tages trennen würden, daran hätte sie im Leben nicht gedacht. Unglücklich denkt sie, von ihren Eltern schon lange hintergangen worden zu sein.

Nicht nur die jüngeren, auch die älteren Kinder leiden, wenn ihre Eltern sich trennen, unter starken Verlustängsten. »Haben mich meine Eltern auch beide noch lieb?« »Was passiert jetzt mit mir?« »Wo bleibe ich denn?« »Bin ich jetzt ganz allein?« »Wenn der eine geht, warum auch nicht die andere?« Wie Erik und Inga in unseren Beispielen erleben sie eine Phase starker existenzieller Unsicherheit, besonders, wenn sie mit ihrem Schmerz, dass nicht mehr beide Eltern immer gleichzeitig für sie anwesend sind, allein gelassen werden. Dann fühlen sie sich leer und einsam.

Gegen solche Verlustängste helfen Verlässlichkeit und die feinfühlige Präsenz der Eltern, sodass Kinder ihre Ängste mitteilen und auf diese Weise mit ihnen teilen können. Eltern müssen in dieser Situation dem Kind das Gefühl geben, weiterhin akzeptiert zu sein, auch wenn es sich zurückzieht oder seine Trauer über den Verlust eines Elternteils aggressiv auslebt. Um Verlustängsten zu begegnen, ist es ebenso wichtig, dass die Eltern Verlässlichkeit ausstrahlen, dass jemand da ist, wenn das Kind nach Hort und Schule nach Hause kommt oder abends nicht einschlafen kann. Gerade jetzt sehnt sich das Kind, das die Trennung seiner Eltern erlebt hat, ganz besonders nach Sicherheit und Geborgenheit.

Zu den Verlustängsten kommen häufig, wie im Fall von Lukas, Schuldgefühle hinzu. Dass Vater und Mutter sich trennen, können sich insbesondere die jüngeren Kinder kaum vorstellen, und so suchen sie nach Erklärungen. Da ihre Eltern nach wie vor Vorbilder für sie sind und sie sich entsprechend loyal ihnen gegenüber verhalten, geben sie sich häufig selbst die Schuld, dass ein Elternteil ausgezogen ist. Sie sagen es nicht laut, aber sie denken so. Hinzu kommen in nahezu allen Fällen, wenn die Eltern verschiedene Wege einschlagen, Loyalitätskonflikte, die häufig von den getrennten Eltern selbst provoziert werden: »War es beim Papa mit seiner neuen Freundin denn schöner als bei mir?« »Deine Mutter will nur immer Geld, ihr ist egal, was mit dir passiert.« Zu wem soll das Kind nun halten, ohne den anderen oder die andere im Stich zu lassen? Loyalitätskonflikte zerreißen Kinder innerlich und machen sie nur noch unglücklicher.

In unserer Gesellschaft mit ihrem Glücksdiktat, in der mehr als jedes dritte Kind die Erfahrung macht, dass seine Eltern sich trennen, werden die Konflikte, die eine Trennung sowohl bei den Eltern wie bei den Kindern auslösen, häufig heruntergespielt. Natürlich fühlen sich Eltern und Kinder, wenn es zur Scheidung kommt, heutzutage nicht mehr annähernd so stigmatisiert wie noch Mitte des letzten Jahrhunderts. Doch obwohl oder vielleicht gerade weil es fast zum Normalfall geworden ist, dass Eltern sich trennen, verstecken Kinder ihren Kummer und tun so, als sei nichts geschehen. Sie tun es auch, um ihre Eltern, die sie oft traurig oder auch wütend erleben, nicht zusätzlich zu belasten. Aber innerlich fühlen sie sich dennoch verlassen und einsam.

Sämtliche neuere Studien zeigen, dass die meisten Kinder nach der Trennung ihrer Eltern wieder gut ins Leben zurückfinden. Was im Wesentlichen davon abhängt, wie ihre Eltern sich nach der Trennung verhalten. Entscheidend ist, ob sie in der Lage sind, zwischen ihrer Rolle als Paar und ihrer Rolle als Eltern zu unterscheiden: »Als Eltern haben wir euch genauso lieb wie immer und wollen weiterhin so gut es geht gemeinsam für euch sorgen und immer für euch da sein.« Dazu gehört auch, den Kindern so weit wie möglich Loyalitätskonflikte zu ersparen und den anderen oder die andere nicht vor den Kindern schlechtzumachen. Kinder, wie im Fall von Emma und ihrer jüngeren Schwester, in gerichtliche Entscheidungen zu verwickeln, wirkt sich jedoch, wie alle vorhandenen Studien zeigen, negativ und schädlich darauf aus, dass Kinder oder Jugendliche die Trennung ihrer Eltern gut verarbeiten können. Sie haben später und auch noch als Erwachsene erwiesenermaßen mehr Schwierigkeiten und leiden häufiger an psychischen Auffälligkeiten. Wenn Kinder und Jugendliche jedoch weiterhin das Gefühl haben, bei beiden Eltern gut aufgehoben zu sein und nicht in deren Konflikte einbezogen zu werden, unterscheiden sie sich als Trennungskinder später kaum noch von denen, die diese Erfahrung nicht machen mussten.[48]

Statistische Erhebungen haben herausgefunden, dass sich immer mehr Eltern auch älterer Kinder, also bereits jungen Erwachsenen, trennen, immerhin fast fünfzehn Prozent. Vielleicht hat es damit zu tun, dass diese Eltern sich trotz zunehmender Entfremdung voneinander nicht trennen wollen, solange ihre Kinder noch klein und abhängig von ihnen sind. Wenn die Kinder, so glauben sie, erst einmal erwachsen geworden sind, macht es ihnen weniger aus oder sogar gar nichts. Damit liegen sie falsch. Gerade auch die älteren Kinder im Alter von Sophie macht es unglücklich, wenn ihre Eltern sich trennen. Vielleicht auf eine etwas andere Art als jüngere Kinder, die auf ihre beiden Eltern tatsächlich noch stärker angewiesen sind und aus ihrer Hilflosigkeit heraus besonders intensiv empfundene Verlustängste entwickeln. Das Unglück fast schon erwachsener Kinder resultiert mehr aus dem Gedanken heraus, ihre Eltern hätten ihnen über Jahre hinweg ein Leben vorgemacht, das sie in Wirklichkeit gar nicht miteinander geführt haben. Dass sie sich in ihren Eltern so getäuscht haben, macht sie fassungslos. Hinzu kommt aber auch in diesem Alter noch die Unsicherheit, wie es denn nun mit ihnen weitergeht: »Bei wem werde ich zukünftig wohnen, und wie soll ich mich an den neuen Partner oder die neue Partnerin meiner Mutter gewöhnen können, die so lange mit meinem Vater zusammen war und die ich anders gar nicht kenne«, sind nur einige Fragen, die sich ihnen stellen. »Was wird aus meinem Geburtstag, was wird aus Weihnachten? Wen soll ich dann besuchen und wen nicht?« Auch den fast schon erwachsenen Kindern ist dies alles keinesfalls egal.

Krankheit

Kinder, die *selbst* krank sind, müssen deswegen nicht unglücklich sein. Im Gegenteil, viele mögen es, jetzt so richtig umsorgt zu werden, und genießen die Aufmerksamkeit, die ihnen vielleicht mehr als sonst zukommt. Mutter oder Vater bleiben sogar zu Hause, um sich um sie zu kümmern! Sie werden getröstet und können so viel kuscheln wie sonst nie. Psychologen nennen dies »sekundären Krankheitsgewinn«, wenn man aus seiner Krankheit durchaus willkommene Vorteile ziehen kann. Dass ein Kind, das unter einer schweren oder chronischen Krankheit leidet, anders fühlt und denkt und besondere Hilfe und Zuwendung braucht, muss nicht betont werden.

Ist ein Elternteil krank, sind fast alle Kinder immer sehr besorgt und ängstlich. Bislang haben sie ihre Eltern aus ihrer Perspektive heraus meistens als »groß und stark« erlebt, und plötzlich sind sie schwach und selbst hilfsbedürftig. Das verunsichert sie und macht ihnen Angst. Und wenn jemand länger krank ist oder sogar ins Krankenhaus muss, denken sie sich alle möglichen schlimmen Dinge aus, was passieren würde, wenn der Vater oder die Mutter gar nicht mehr gesund werden würde. Was würde dann mit ihnen passieren?

Die Mutter von Defne (8) ist krank. Seit einer Woche liegt sie im Bett, manchmal hört Defne sie im Nebenzimmer laut husten und auch ein bisschen stöhnen. Wenn ihre Mutter das Zimmer verlässt, um zu kochen, geht sie etwas unbeholfen und tapsig, was Defne von ihr gar nicht gewohnt ist. Sie hat große Angst und fürchtet, dass ihre Mutter vielleicht gar nicht mehr richtig gesund wird. Was wird dann aus ihr? Wer geht einkaufen, wer verdient das Geld? Dafür ist sie selbst doch noch viel zu klein. In der Schule fällt es ihr schwer, gut aufzupassen, weil sie immer an ihre kranke Mutter zu Hause denken muss, die jetzt ganz allein in ihrem Bett liegt. Und was ist, wenn sie stirbt, wenn ich nicht da bin? Bei diesem Gedanken wird Defne ganz unruhig, sie kann kaum noch stillsitzen, und die Lehrerin schimpft mir ihr. Defne fühlt sich unglücklich und ganz einsam.

Drei Tage später geht es ihrer Mutter schon wieder viel besser. »Jetzt musst du dich nicht mehr um mich kümmern«, sagt sie scherzhaft zu ihrer Tochter und nimmt sie dabei in den Arm. »Jetzt bin ich wieder ganz für dich da.« »Weißt du, Defne«, fährt sie nach einer kurzen Pause fort, »auch Erwachsene können manchmal krank werden, das ist ganz normal. Und wie Kinder werden sie dann auch bald wieder gesund. Du brauchst also keine Angst zu haben, wenn es mir einmal nicht so gutgeht, wie in den letzten Tagen. Und dann sind ja auch noch die Verwandten da, die aushelfen können. Aber jetzt ist ja alles wieder in Ordnung. Und ich möchte mich bei dir dafür bedanken, dass du so viel Rücksicht auf mich genommen hast, als es mir nicht so gutgegangen ist.« Defne fühlt sich überglücklich, dass ihre Mutter wieder gesund ist, und am nächsten Tag kann sie in der Schule auch wieder gut aufpassen.

Defne bekommt die Krankheit ihrer Mutter ganz nah bei sich zu spüren, und es macht ihr Angst, sie so schwach zu sehen. Was soll aus ihr werden, wenn ihre Mutter nicht mehr für sie sorgen kann? Es ist gut, dass ihre Mutter ihre Krankheit nicht vor ihr versteckt. Denn oft bewirkt dieser Versuch genau das Gegenteil. Die Kinder bekommen mit ihren feinen Antennen trotzdem mit, dass mit einem ihrer Eltern etwas nicht stimmt, und machen sich in ihrer Phantasie umso größere Sorgen. Wichtig ist also, mit Kindern offen darüber zu sprechen, wenn jemand in der Familie, vielleicht auch ein Geschwister, krank ist. Wie so oft geht es auch hier darum, ihre Fragen und Ängste zuzulassen, ihnen ehrliche Antworten zu geben und ihnen Hoffnung zu machen, dass alles wieder gut wird. Defnes Mutter spricht das Thema auch noch einmal an, als sie wieder gesund ist. Sie gibt ihr damit zu verstehen, dass sie Defnes Sorgen um sie ernst genommen hat, sie beruhigt ihre Tochter und dankt ihr dafür, auf sie so viel Rücksicht genommen zu haben. Die Welt ist für Defne wieder in Ordnung.

Wenn ein Elternteil sehr schwer oder über längere Zeit chronisch krank ist, leiden die Kinder natürlich stärker als im vorliegenden Fall. Oft übernehmen sie dann zu große Verantwortung für ihr Alter, glauben, immer vorsichtig und leise sein zu müssen, um den Kranken zu schonen und ihn bloß nicht zu stören, damit er schnell wieder gesund wird. Weil dies nicht immer gleich der Fall ist, entwickeln manche Kinder Schuldgefühle, für das Andauern der Krankheit verantwortlich zu sein. Damit aber sind sie überfordert und werden nur noch trauriger und unglücklicher.

Egal, wie gut sie es meinen, nichts ändert sich zum Guten. Diesen Kindern muss man möglichst viele Freiräume anbieten, in der Kita und Schule, bei Freunden und Bekannten. Es entlastet sie, an einem anderen Ort zu sein, wo sie nicht ständig an die kranke Mutter oder den kranken Vater denken müssen. Auch Ausflüge oder spannende Unternehmungen in den Ferien können helfen, damit sie ihrem Alter gemäß auch Kind sein dürfen und Abstand gewinnen können zu dem, was sie so sehr ängstigt, bedrückt und unglücklich macht.

Tod

Der Tod eines ihm nahen Menschen beschäftigt ein Kind, besonders, wenn er in seinem Leben eine wichtige Rolle gespielt hat. Auch in diesem Fall ist es wichtig, ihm die Gelegenheit zu geben, sich darüber mit allen seinen Gefühlen mitteilen zu können, seine Ängste und sein Unglück zum Ausdruck bringen zu dürfen.

Der Großvater von Christian (5) war lange krank und ist gestorben. Christian hat ihn über alles geliebt, denn als jüngstes von fünf Geschwistern kam er bei sich zu Hause häufig zu kurz und konnte dann zum Großvater gehen, der ein Stockwerk über ihm wohnte. Er fand dort die Aufmerksamkeit, nach der er sich so sehnte. Jetzt ist Christian untröstlich, und immer, wenn er in der Kita an seinen geliebten Großvater denkt, muss er weinen.

Dass der Tod eines geliebten Menschen unglücklich macht, bedarf keiner weiteren Erklärung. Wichtig ist jetzt, dass das Kind für seine Trauer und seinen inneren Schmerz einen Adressaten findet. Zu Hause bei seinen Eltern, aber vielleicht auch in der Kita und Schule. Ihm den Tod zu verschweigen oder so zu tun, als ob jemand nur verreist wäre und bald wiederkäme, ist nicht nur eine Lüge, sondern beflügelt auch die Phantasie eines Kindes, was mit dem Menschen, der verschwunden ist, geschehen sein könnte. Zudem werden Hoffnungen geweckt, die nicht in Erfüllung gehen.

Kein Kind ist zu jung, als dass man mit ihm nicht über den Tod eines geliebten Menschen sprechen könnte. Dann kann es sich öffnen, und die Trauer, die es empfindet, nistet sich nicht in all seinen Gedanken und Gefühlen ein. Dem Kind wird erlaubt, *auf seine Weise* ebenso um den geliebten Menschen zu trauern wie die Erwachsenen, und dafür muss man ihm die Zeit geben, die es braucht. Jetzt kommt es darauf an, ihm ganz besonders viel Aufmerksamkeit zu widmen, das Kind zu trösten, ihm zuzuhören, vielleicht auch altersgerecht mit ihm über den Tod zu sprechen und ihm so zu helfen, seiner Trauer Ausdruck verleihen zu können.

Armut

Jedes fünfte Kind in Deutschland lebt an der Armutsgrenze. Diese Kinder können sich nicht leisten, was für andere selbstverständlich ist. Oft werden sie ausgegrenzt, ihre Eltern werden »bildungsfern« genannt und der Ort, wo sie wohnen, ist ein »Problemviertel«. Diese Kinder haben es in vielen Lebensbereichen schwerer als andere Kinder.

Selina (11) wächst zusammen mit ihrer Mutter und ihren Geschwistern in einer engen Wohnung auf. Um sie herum ist es ständig laut, die Wände sind dünn, und oft bekommt sie mit, wenn die Nachbarn sich streiten. An manchen Tagen ist es für Selina unmöglich, ihre Hausaufgaben zu machen, wenn sie in der Schule nicht schon alles erledigen konnte. Ständig stören sie ihre älteren Geschwister mit ihren Computerspielen und lauter Musik. Als während der Corona-Zeit ihre Schule geschlossen wurde, war es besonders schlimm. Auch musste sie oft noch auf ihre jüngere Schwester aufpassen und das Abendessen zubereiten, weil ihre Mutter erst spät nach Hause kommt. Wenn sie rausgeht, um ihre Freundin zu treffen, werden sie häufig von Jungen angemacht. Eine Ecke, in der sie ungestört quatschen können, ist nicht leicht zu finden. Selina hat auch nicht die teuren Klamotten wie viele andere Kinder in ihrer Klasse. Manchmal schämt sie sich dafür. Von anderen Kindern bekommt sie nur selten Besuch. Ihre Mutter möchte nicht, dass sie sehen, wie Selina wohnt. Obwohl Selina ein starkes Mädchen ist, in der Schule gut mitkommt und ihr Leben im Griff hat, ist sie oft unglücklich. Die Last, die sie trägt, wird ihr manchmal zu groß. Aber sie kann sich einer Sozialarbeiterin aus ihrem Viertel anvertrauen, die sie unterstützt und immer wieder dafür lobt, wie toll sie ihr nicht ganz einfaches Leben bewältigt. Dann fühlt sich Selina wieder einmal richtig glücklich.

Kindern wie Selina fehlt es an vielem, was für andere Kinder selbstverständlich ist. Sie müssen früher selbständig werden und übernehmen in ihrer Familie häufig Aufgaben, für die sie eigentlich noch zu jung sind. Oft fehlt ihnen die Zeit und das Geld für Freizeitvergnügen. Obwohl sie über viele Kompetenzen verfügen, die andere Kinder nicht besitzen, fühlen sie sich darüber unglücklich, immer am Rand stehen zu müssen und von anderen Kindern und Erwachsenen, die ihre Welt nicht kennen, oft nicht verstanden und übergangen zu werden. Manche von ihnen fühlen sich ihrem Schicksal hilflos ausgeliefert, das macht sie wütend und aggressiv. Programme auf kommunaler Ebene, die diese Kinder nicht erneut ausgrenzen, sondern sie mit Gleichaltrigen zusammenbringen, helfen ebenso wie Menschen, die sie vorbehaltlos akzeptieren und denen sie sich, wie es auch bei Selina der Fall war, anvertrauen können und die ihnen Lebensmut machen.

Tobias (18) hat mit seinem Studium begonnen. Noch wohnt er bei seiner Mutter, der er als Ältester helfen muss, seine jüngeren Geschwister zu versorgen. Seine Mutter ist krank und bekommt das neue Bürgergeld. Sein Antrag auf Bafög läuft. Dass er aus armen Verhältnissen stammt, verfolgt Tobias auch in seinem Studium. Abends zusammen mit seinen Kommilitonen in eine Cocktailbar zu gehen kann er sich ebenso wenig leisten, wie sich ständig unterwegs einen Kaffee zu besorgen. Manchmal erfindet er Ausreden, aber meistens geht er nach dem Seminar oder der Vorlesung gleich wieder nach Hause, wo er sowieso noch dringend benötigt wird. In der Mensa oder in der Bibliothek fällt ihm auf, wie sicher und selbstverständlich sich andere an der Universität bewegen und wie schwer es ihm fällt, hier Anschluss zu finden. Oft fühlt er sich fremd und unglücklich in dieser Umgebung und überlegt, ob er sein Studium nicht besser wieder abbrechen sollte.

Dass es Kinder aus armen Verhältnissen schwer haben, sich in den von der Mittelschicht, ihrer Sprache und ihren Gewohnheiten geprägten akademischen Institutionen zurechtzufinden, ist in letzter Zeit in vielen biographisch erzählten Büchern thematisiert worden, vor allem das von ihnen empfundene Gefühl, nirgendwo mehr dazuzugehören. Sie haben das Milieu, in dem sie aufgewachsen sind, verlassen und finden sich in ihrer neuen Umgebung nicht zurecht. Dafür, aus »einfachen Verhältnissen« zu stammen, schämen sich manche von ihnen. Tobias braucht viel mehr Kraft als andere, sich in einer für ihn ungewohnten Umgebung zu behaupten. Oft fühlt er sich einsam, und dem auf ihm lastenden Druck, zu Hause die Rolle des Vaters seiner kleinen Geschwister zu übernehmen, ist er kaum gewachsen. Obwohl er dieses Gefühl nur ungern an sich heranlässt, fühlt er sich manchmal sehr unglücklich und einsam, obwohl er durchaus

Freunde hat, mit denen er in seiner Freizeit etwas unternehmen kann. Der Stachel, aus einfachen Verhältnissen zu kommen, sitzt bei manchen wie Tobias tief.

Zukunftsangst

Corona, der Krieg in Europa und die Klimakrise erleben viele Kinder und Jugendliche als Bedrohung. Fast die Hälfte von ihnen fühlte sich oft allein mit ihren Sorgen und von den Erwachsenen nicht ernst genommen. Ein Drittel entwickelte in der Corona-Zeit psychische Probleme. Ängste vor Long COVID zeigen sich auch noch nach der Pandemie, dazu kommen Kriegsangst und die Aussicht auf einen in Zukunft bald kaum noch bewohnbaren Planeten. Bei manchen entwickelt sich ein diffuses Gefühl, mit der Welt, in der sie leben, nicht mehr zurechtzukommen.

Tom (12) hatte große Angst, als sein Großvater Corona bekam und ins Krankenhaus musste. Er durfte ihn nicht besuchen, was ihn nur noch ängstlicher und trauriger werden ließ. Er stellte sich vor, dass sein Großvater dort vielleicht ganz allein sterben würde. Als der nach einigen Wochen endlich wieder nach Hause kam, begann der Krieg in der Ukraine, und Tom sah im Fernsehen die Bilder zerstörter Häuser und weinender Menschen, die alles verloren hatten. Was ist, wenn der Krieg auch zu uns kommt? Mit seinen Eltern konnte er über das, was ihm durch den Kopf ging, nicht sprechen, für sie ging das Leben einfach so weiter wie bisher. Aber Tom bekam den Gedanken nicht aus dem Kopf, dass um ihn herum gerade alles immer schlimmer wurde. Er bekam Angst vor der Zukunft.

So wie Tom geht es vielen Kindern. Was in der Welt außerhalb ihrer Familie vorgeht, beschäftigt sie und wirft Fragen auf, die sie oft nicht allein für sich beantworten können. Wenn sie mit niemandem darüber sprechen können, fühlen sie sich ihren Gedanken über ihre Zukunft häufig hilflos ausgeliefert und lassen sie nicht mehr los. Da nutzt es, wenn sie in ihrer Familie, was bei Tom anscheinend schwierig war, oder mit anderen über alle diese Themen und Ängste, die sie auslösen können, sprechen können. Auch wenn Krieg und Umweltkrise in der Schule im Unterricht behandelt werden, was selten der Fall ist, öffnen sich Möglichkeiten, eigene Ängste und Befürchtungen abzubauen, weil man sie mit anderen Gleichaltrigen teilen kann. Gemeinsam mit anderen etwas zu unternehmen, das Leid der von Kriegen betroffenen Menschen zu lindern, hilft dabei, eigene Ohnmachtsgefühle und damit verbundene Hilflosigkeit zu überwinden.

Traumatische Erfahrungen

Bei allen vorangegangenen Beispielen ging es um Alltagssituationen, die Kinder oder Jugendliche für kurze Zeit, manchmal auch etwas länger, unglücklich machen können. Die Chancen stehen gut, dass ihr Unglück, wenn es wahrgenommen, gehört und gesehen wird, nicht allzu lange anhält. Im Gegensatz dazu steht das über Wochen, Monate und manchmal sogar Jahre anhaltende *Leiden* von Kindern, das auf traumatischen Erfahrungen beruht: weil sie vernachlässigt, sexuell missbraucht, geschlagen werden oder in Kriegsgebieten mit dem täglichen Anblick von Gewalt aufgewachsen sind. Natürlich sind diese Kinder unglücklich. Aber sie besitzen in den meisten Fällen keine Chance, mithilfe anderer ihr Unglück abzuwenden, und sie erfahren täglich aufs Neue Schrecken, Misshandlung und Gewalt.

Kinder, die, oft von ihren nächsten Angehörigen, Gewalt erfahren oder missbraucht werden, sind wie Gefangene, die die Räume, die sie unglücklich machen, nicht verlassen können. Immer wieder erfahren sie sich als hilf- und machtlos, denn die Quelle ihres Unglücks sind meistens diejenigen, denen sie eigentlich vertrauen und von denen sie normalerweise Hilfe erwarten können. Aber statt sie zu beschützen, tun sie ihnen Gewalt an. Es sind ihre Eltern, häufig auch gute Verwandte und Bekannte, die ein Vertrauensverhältnis zu ihnen ausnutzen, um sie zu bedrohen und zu manipulieren. Die ihnen immer wieder unendlich wehtun, ohne dass sie sich dagegen wehren können. Um ihren psychischen Schmerz zu lindern, bleibt ihnen oft gar nichts anderes übrig, als sich mit den Tätern zu identifizieren, um ihnen und auch sich selbst gegenüber einen Rest von Achtung zu empfinden. Ihre Lage ist mehr oder weniger aussichtslos, wenn sie keine Hilfe von außen bekommen. Diese Kinder sind traumatisiert, sie brauchen professionelle Hilfe und Unterstützung. Damit ihre auch später immer noch offene Wunde heilen kann, bedarf es langer therapeutischer Hilfe. Während Kinder durch den Umgang mit alltäglichem Unglücklichsein stärker werden können, wenn sie die Erfahrung machen, unglückliche Phasen in ihrem Leben gut zu überstehen, trifft dies auf traumatische Kindheitserfahrungen nicht zu.

Wenn es Unglück nicht geben darf

Wenn Eltern das Unglücklichsein ihrer Kinder nicht wahrhaben wollen, es übersehen oder mit dem Hinweis, dass sie sich doch alle Mühe geben, ihr Kind glücklich zu machen, ungeschehen machen wollen, hat das auch damit zu tun, dass in unserer Gesellschaft Unglücklichsein, wie wir es im ersten Teil dieses Buches ausführlich beschrieben haben, oft tabuisiert und nicht zugelassen wird. Dann zählen nur noch Glück und Erfolg. Die Kinder aber fühlen sich mit ihren Gefühlen nicht ernst genommen, fangen an, sie zu verstecken, und verfangen sich in einer Innenwelt, in der es zugehen soll, als sei immer alles in Ordnung. Wer dann noch unglücklich ist, ist selber schuld.

Warum soll sich ein Kind einsam fühlen, wenn es doch alles hat? Spielsachen, Freundinnen und Freunde, Eltern, die es gut mit ihm meinen, ein sicheres Dach über dem Kopf? Warum soll es Angst vor etwas haben, wird es doch von seinen fürsorglichen Eltern ständig überwacht, dass ihm auch ja nichts passieren kann? Und natürlich muss man lernen, mit einem neuen Geschwister zurechtzukommen, denn es hat doch auch etwas für sich, wenn ein Kind zu teilen lernt und nicht ständig im Mittelpunkt steht. Kita- und Schulkummer kommen nun mal vor und gehen wieder vorbei, auch wenn das Kind in der Kita oder Schule darunter leidet, nicht respektiert oder gemobbt zu werden. Umzug oder zerbrochene Freundschaften – kein Problem, darüber ist man, als man selbst einmal Kind war, schließlich auch hinweggekommen. Und nur immer auf diejenigen Rücksicht nehmen, die mit ihrem Leben gerade nicht klarkommen, bringt Kindern und Jugendlichen auch nichts. Das Leben ist kein Ponyhof, das bekommen auch Kinder und Jugendliche schon zu hören.

Durch die Erfahrung von Tod und Krankheit von Eltern, Verwandten oder Freunden muss man »durch«, ebenso, wenn Eltern sich trennen. Wenn Probleme mit der eigenen sexuellen Orientierung entstehen, fühlen sich viele Eltern überfordert und wollen ihnen aus dem Weg gehen. Überhaupt sollte man Jugendliche nicht zu sehr mit diesem Thema beschäftigen und verwirren. Ein Kind aus armen Verhältnissen bekommt doch viel Unterstützung, seine Eltern müssen nur wollen, dass es ihm gutgeht und Freunde findet. Die Meinung, dass sich Unglücksichsein einfach »auswächst«, wie unsere Großeltern einst behauptet haben, ist noch längst nicht aus den Köpfen vieler Eltern und Erwachsener heraus.

Aber es gibt natürlich auch die gegenteilige Haltung von Eltern und Erwachsenen. Sie überhöhen und übertreiben das Unglücklichsein ihrer Kinder, oft aus eigener Angst heraus, darüber unglücklich zu werden. Dann wollen sie das Unglück *sofort* lindern, es geradezu *ungeschehen machen*. Dabei spielen auch eigene Kindheitserfahrungen eine Rolle, einstmals ohne Unterstützung und Hilfe der eigenen Eltern unglücklich und hilflos gewesen zu sein. Solche Eltern rufen bei kleinsten Anlässen sofort Experten und Fachleute zu Hilfe, um das Unglück vom Kind abzuwenden, statt ihm Raum zu geben, selbst zu lernen, mit seinen Gefühlen, auch wenn sie es manchmal traurig machen, umzugehen und selbständig wieder aus ihnen herauszufinden.

Läuft es in der Schule nicht gut, ein häufiger Grund für ein Kind, sich unglücklich zu fühlen, bilden manche Eltern WhatsApp-Gruppen, um sich bei den Lehrern über zu schlechte Noten ihrer Kinder zu beschweren. Ältere Kinder und Jugendliche wehren sich gegen diese Form von Überbehütung, die sie daran hindert, ein eigenes Leben zu haben, sie fangen an, dagegen zu rebellieren, was manchmal alles nur noch schlimmer macht.

Unglücklich zu sein, wofür wir bis auf die Ausnahme von traumatischen Erfahrungen in diesem Kapitel viele gute Gründe kennengelernt haben, muss Raum und Zeit gegeben werden, um sich Ausdruck zu verschaffen. Nicht nur die guten und glücklichen Momente, die wir allen Kindern und Jugendlichen so sehr wünschen, zählen im Leben, sondern auch solche, die unglücklich machen und die man am besten dadurch überwindet, dass sie von denen, denen man vertraut, erkannt und gewürdigt werden, so dass sie *mitteilsam* werden und auf entsprechend positive Resonanz stoßen. Genau darum soll es im nächsten Kapitel gehen.

9. Kapitel

Wie unglückliche Kinder sich mitteilen

Unglücklichsein äußern dürfen

Wie wichtig es ist, Kinder, die sich unglücklich fühlen, zu erkennen, sie zu akzeptieren und ihnen mit Respekt zu begegnen, haben wir an vielen Stellen in diesem Buch bereits hervorgehoben. Aber so einfach ist das gar nicht.

Oft schämen sich Kinder dafür, unglücklich zu sein. Ihre Eltern reden ihnen ein, es doch gut mit ihnen zu meinen und alles dafür zu tun, dass es ihnen gutgeht und sie sich nicht unglücklich fühlen müssen. Vielleicht auch nur deswegen, weil sie als Eltern Angst davor haben, ihr Kind unglücklich zu sehen und darüber *selbst* unglücklich zu werden und sich schuldig zu fühlen. Aber auch, weil sie im allgegenwärtigen Wettkampf um das »gewünschteste Wunschkind aller Zeiten«[49] mithalten wollen. Kinder wiederum wollen aus Rücksicht auf gar keinen Fall, dass ihre Eltern ihretwegen unglücklich sind, und verhalten sich ihnen gegenüber entsprechend loyal. Es ist also gar nicht so einfach, als Kind unglücklich zu sein.

Meistens sprechen Kinder nur wenig darüber, was in ihnen gerade vorgeht. Dazu leben sie, zumal die jüngeren, noch viel zu sehr im Augenblick. In Situationen, die für Erwachsene häufig mit dem

Gefühl von Elend und Unglück verknüpft sind, tragen Kinder sehr lange die Hoffnung in sich, dass sich ihr Leben wieder zum Besseren hinwendet. Das gilt für Kinder, die in Kriegsgebieten oder tiefer Armut leben ebenso wie für Kinder, die in ihrer eigenen Familie viel Schlimmes erleben müssen. Für alle diese Kinder stellt sich ihre Situation als eine Art von Überlebenskampf dar. »Die Hoffnung stirbt zuletzt« – dieser Satz gilt auch und insbesondere für Kinder, die das Scheitern ihrer Wünsche und Bedürfnisse noch nicht im gleichen Umfang erfahren und erlebt haben wie Erwachsene. Ihre ganze Energie schöpfen sie aus dem Glauben, dass die Welt um sie herum wieder besser werden kann, als sie gerade ist, auch deswegen, weil sie die Triebkräfte von Elend und Unglück oft noch nicht verstehen.

Hinzu kommt, dass Kinder ihren Kummer, je jünger sie sind, noch nicht genau in Worte fassen können. Wie sagt man denn, dass man unglücklich ist? Warum fehlen einem oft die Worte dafür, wenn man es doch so nah bei sich fühlt? Und wie kann man es anderen so mitteilen, dass sie verstehen, was genau gemeint ist?

Auch vielen Eltern und Erwachsenen fällt es schwer, anderen ihr Unglück mitzuteilen, obwohl sie dazu sprachlich in der Lage wären. Häufig spielen dabei eigene Erfahrungen als Kind eine Rolle. Dass sie von ihren eigenen Eltern immer wieder zu hören bekamen, dies oder jenes, was sie traurig und unglücklich gemacht hat, sei doch »ganz normal«, »gar nicht so schlimm« oder man müsse sich »daran gewöhnen«. Unglücklich zu sein gehöre nun mal zum Leben, und man müsse darum auch nicht so viel Aufhebens machen. Eltern, die selbst unglücklich sind, reagieren manchmal so, aber auch Väter und Mütter, die immer den »Starken« oder die »Starke« spielen. Sie »tun so, als ob«, verstellen sich, selbst wenn es ihnen nicht gutgeht oder sie krank sind, wenn sie im Beruf Schwierigkeiten haben oder familiäre Auseinandersetzungen sie belasten. Solche Eltern sind keine guten Vorbilder für Kinder, ihre Probleme und Schwierigkeiten anderen mitzuteilen oder sich dazu zu äußern, dass sie sich unglücklich fühlen. Hinzu kommt: Schwächen bei sich selbst zuzugeben, das haben wir im ersten Teil des Buchs kennengelernt, wird in unserer auf Glück und Erfolg gepolten Gesellschaft alles andere als gewürdigt. Also schämen sich nicht nur Kinder, sondern auch viele Erwachsene für ihre unglücklichen Gefühle, verstecken sie, und die Kinder lernen, diese Haltung auch für sich anzunehmen.

In diesem Kapitel will ich deshalb versuchen, einige Wege aufzuzeigen, woran man erkennt, dass Kinder unglücklich sind, auch wenn sie es uns nicht direkt mitteilen können oder wollen. Und wie wir mit unglücklichen Kindern kommunizieren können, ohne ihnen sofort unser eigenes Urteil über *ihre* Gefühle aufzudrängen.

Das Problem ist nämlich, dass uns die Sicht auf ein Kind und das, was gerade in ihm vorgeht, versperrt bleibt, solange sie sich nur auf die Sichtweise der Erwachsenen beschränkt. Kinder wissen das und besitzen ein untrügliches Gespür dafür, dass ihre Eltern oder andere Erwachsene in der Kommunikation mit ihnen meistens am längeren Hebel sitzen. Nur ungern lassen sie sich deshalb auf ein Gespräch ein, bei dem sie fürchten, nur darüber belehrt zu werden, wie *Erwachsene* in ihrer Situation fühlen und mit dem Problem, das sie belastet, umgehen würden. Deswegen ist es so wichtig, Kindern trotz unseres Wissensvorsprungs auf Augenhöhe zu begegnen und dabei unsere eigene Sicht der Dinge immer wieder infrage und zurückzustellen, denn sie muss nicht unbedingt der Sicht des Kindes entsprechen. Besonders Kinder reagieren auf manche Situationen und für sie schwierigen Geschehnisse ganz anders, als wir es uns als Erwachsene vorstellen.

Auch Suggestivfragen zu stellen – »Ich habe das Gefühl, du bist gerade sehr unglücklich, weil es in der Schule nicht gut läuft« –, nur um zu hören, was *wir* hören wollen, hilft kaum weiter, denn vor allem jüngere Kinder trauen sich dann nicht, uns zu sagen, was wirklich mit ihnen los ist und gerade in ihnen vorgeht. Und mit einem gönnerhaften »Das wird schon wieder« ist es in den meisten Fällen ebenso wenig getan. Hinzu kommt, dass man einem Kind sein Unglück niemals selbst zuschreiben, ihm mit anderen Worten die Schuld daran geben darf, unglücklich zu sein. Es weckt bei ihm nur Schamgefühle, es fühlt sich entwürdigt und minderwertig. Immer sollte es also darum gehen, dem Kind die Möglichkeit zu verschaffen, sich selbst so auszudrücken, wie es das will, und sich dabei nicht vorschnell ein Urteil über es zu bilden. Beides voneinander zu trennen, das Empfinden des Kindes und das, was wir darüber denken, ist aber gar nicht so einfach.

Wir merken schon, dass es sich um ein sehr komplexes Geschehen handelt, wenn wir mit unglücklichen Kindern das Gespräch suchen. Es geht darum, das Kind zu respektieren, sich seine eigene Meinung bilden zu lassen und es nicht zusätzlich damit zu belasten, dass wir ihm vorschreiben wollen, was es zu denken und zu fühlen hat.

Mit unglücklichen Kindern kommunizieren

Kinder und Jugendliche bringen entlang ihres jeweiligen Alters Gefühle ganz unterschiedlich zum Ausdruck, was mit den Entwicklungsstadien, in denen sie sich gerade befinden, zu tun hat. Vielleicht nehmen sie ihre Gefühle unabhängig von ihrem Alter alle ähnlich wahr und bringen sie dann nur auf verschiedene Weise zum Ausdruck, nämlich so, wie es ihre sprachlichen und kognitiven Fähigkeiten gerade erlauben. Hinzu kommen je nach Alter aber ebenso unterschiedliche Bedürfnisse und Interessen. Auch die Beziehung zu ihren Eltern ist einem fortlaufenden altersgemäßen

Wandel unterzogen. So gilt, was die Kommunikation mit unglücklichen Kindern betrifft, deren Ausdrucksmöglichkeiten und Alter zu berücksichtigen. Eine grobe Einteilung nach verschiedenen Entwicklungsetappen, die durchaus fließende Übergänge kennen, hilft dabei.

0–3 Jahre

Je jünger das Kind ist, desto unbeholfener fühlen sich Eltern und Erwachsene im Gespräch mit ihm. Bei den Null- bis Dreijährigen rätseln sie nicht nur häufig darüber, was in dem Kind wohl gerade vorgeht, sondern sind sich auch im Unklaren darüber, was bei den ganz Kleinen von ihren Worten bei ihnen eigentlich ankommt. Dies gilt besonders dann, wenn es sich um schmerzliche oder schwierige Themen handelt.

Babys werden zwar nicht mit der Fähigkeit zu sprechen geboren, aber das macht sie keineswegs zu sprachlosen Wesen. Nur drücken sie ihre Gefühle, Bedürfnisse und Wünsche anders aus, und zwar vorwiegend durch nichtsprachliche Gesten. Und da sie noch nicht wissen können, was diese vielen Laute, die sie ständig um sich herum hören, bedeuten, achten sie mehr auf ihren Klang und die sie begleitenden Gesten. Beides aber können sie schon sehr gut verstehen. Psychologen sprechen hier von einer Art von »präverbaler Intelligenz«. Im Vordergrund steht dabei *immer* das gerade Erlebte.

Nora (4 Monate) liegt in ihrer Babyschale. Als ihre Mutter sich über sie beugt, blickt Nora sie nicht sofort an, sondern an ihr vorbei. Ihr Blick verrät der Mutter: Irgendetwas stimmt hier nicht. Die spricht nun leise und mit sanfter Stimme: »Nora, was ist los, mein kleiner Schatz. Verrat es mir«, und lächelt sie dabei an. Nora wirkt schon etwas entspannter, aber sieht weiterhin an ihr vorbei. Jetzt dreht die Mutter ihren Kopf genau in die Richtung, in die Nora schaut, und sieht auf der Heizung das Holzpferd stehen, dass ihr eigener Vater vor vielen Jahren für sie geschnitzt hat. »Aha«, sagt sie zu Nora, »das wird es sein. Macht dir das kleine Pferd vielleicht Angst? Brauchst du aber nicht zu haben, es ist doch nur ein Holzpferd, das dir nichts tun will.« Dann aber denkt sie kurz nach und korrigiert sich: »Für mich ist es nur ein kleines Holzpferd, aber für dich ist es wahrscheinlich viel größer und guckt dich mit seinem großen schwarzen Auge ganz bedrohlich an. Am besten, ich nehme es mal runter von der Heizung. Oder soll ich es dir vielleicht ganz nah zeigen, damit du siehst, dass nichts passiert? Nein, besser, ich lasse es lieber erstmal ganz verschwinden.«

Noras Mutter folgte dem Blick ihrer kleinen Tochter und glaubt, den Grund für Noras ängstlichen Blick gefunden zu haben. Zuerst fällt ihr nur der Satz ein, dass Nora doch keine Angst vor einem kleinen Holzpferd zu haben braucht. Dann aber versetzt sie sich in ihr Kind, dem dieses Pferd vielleicht riesig und unheimlich erscheint. Sie schafft in dieser Situation mit ihren die Situation abwägenden Worten eine freundliche, ihrer Tochter zugewandte Atmosphäre, die Nora durchaus versteht, und nimmt das Holzpferd von der Heizung weg. Würde sie das Holzpferd direkt vor Nora halten, um ihr damit beweisen zu wollen, dass es ungefährlich ist, würde Nora wahrscheinlich noch mehr Angst bekommen, anfangen zu weinen, ihren Kopf von ihm abwenden oder mit ihren beiden Armen Hilfe bei der Mutter suchen. Argumentieren, das weiß Noras Mutter fast instinktiv, funktioniert bei einem vier Monate alten Kind noch nicht. Nachdem sie das Holzpferd von der Heizung genommen hat, bekommt sie von Nora ein Lächeln geschenkt, als würde sie sagen: »Gefahr vorbei, alles gut!« Und zugleich hat Nora die Erfahrung gemacht, dass sie mit ihrem Blick etwas verändern kann. Eine erste Erfahrung in Sachen Selbstwirksamkeit und ein Beispiel für eine gelungene Kommunikation mit einem vier Monate alten Kind. Nora ist kein unglückliches Kind, sie bekommt nur Angst vor einem ihr fremden Gegenstand, den sie als bedrohlich empfindet. Aber ein Kind, das ständig einer Umgebung ausgesetzt ist, die es ängstigt, wird mit der Zeit unglücklich werden.

Leo (2) sitzt auf dem Schoß seiner Mutter, und beide sehen sich zusammen ein Bilderbuch an. Plötzlich ruft seine Mutter dem Vater mit lauter Stimme zu, er solle den Topf vom Herd stellen, sonst würde alles anbrennen. Leo sieht kurz zu seiner Mutter hoch und lässt sich nicht weiter stören: »Weiter lesen«, sagt er nur.

Kleine Kinder beurteilen sprachliche Äußerungen von Erwachsenen nicht nur nach ihrem Tonfall und ihrer Intensität, sondern setzen sie auch mit der in ihrer Umgebung herrschenden Atmosphäre in Beziehung. Ein hastig und leicht aggressiv ausgesprochener Satz in einer entspannten Atmosphäre beim Vorlesen wirkt ganz anders als in einer angespannten und bedrohlich wirkenden Umgebung. Wenn um das Kind Chaos und Gebrüll herrschen, signalisieren auch scheinbar harmlos hingeworfene Sätze wie »Jetzt gib doch mal endlich Ruhe« dem Kind, dass vielleicht Gefahr droht. Erlebt es diese Situation nicht nur einmal, sondern immer wieder, wird es noch ängstlicher werden, sich vor seiner Umgebung in sich selbst verkriechen oder versuchen, gegen seinen inneren Schmerz förmlich anzubrüllen. Dann wird es mit der Zeit sehr wahrscheinlich ein unglückliches Kind, weil es niemand aus diesem Teufelskreis von Lärm und Ängsten befreit.

Tobias (2) sitzt in seinem Kinderbuggy, seine Mutter ist in die Bäckerei gegangen und hat ihn davor abgestellt. Sein Gesicht wirkt leblos und wie erstarrt, sein Blick ist traurig.

Ob Babys oder jüngere Kinder sich unglücklich fühlen, wissen wir nicht, denn sie können es uns nicht sagen, oder es fehlen ihnen die entsprechenden Worte. Aber wenn sie sich einsam fühlen, können wir es aus ihrem Gesichtsausdruck und ihrem Verhalten herauslesen. Es ist ungewöhnlich, dass eine Mutter ihr noch nicht einmal zwei Jahre altes Kind auf dem Gehweg allein vor dem Bäcker in seinem Buggy zurücklässt. Der abwesende und ausdruckslose Gesichtsausdruck von Tobias deutet darauf hin, dass er nicht das erste Mal »abgestellt« und allein gelassen wurde. Tobias, so können wir mit Recht annehmen, fühlt sich unglücklich.

Mit ihm darüber zu reden, um zu erfahren, wie es ihm geht und ob er wirklich unglücklich ist, wird nicht einfach sein. Er wirkt so verschlossen, dass man ihn sprachlich wohl nur schwer erreichen kann. Vielleicht gelingt es in seiner Kita einer Erzieherin, die er mag, an ihn heranzukommen, und schafft so eine Art von Ausgleich für seine offensichtlich ihn abweisende Umgebung. Denn auch ohne es von ihm selbst zu erfahren, kann sie anhand seines Gesichtsausdrucks, seiner Körperhaltung und seiner Bewegungen Schlüsse auf seine innere Gefühlslage ziehen und entsprechende Hilfe organisieren.

3–6 Jahre

In diesem Alter können sich Kinder sprachlich schon ganz gut verständigen. Ihr Interesse für das, was außerhalb ihrer nächsten Umgebung geschieht, nimmt immer mehr zu, der Kontakt mit anderen Kindern ist weniger zufällig, erste lose Freundschaften entstehen. Mit ihren ständigen Warum-Fragen deuten kleine Kinder an, die Vorgänge in der Außenwelt nicht mehr sprachlos einfach so hinnehmen zu wollen, wie sie sind, sondern mehr über die Gründe zu erfahren, warum etwas gerade so geschieht und nicht anders.

Andererseits leben sie immer noch gerne in einer »magischen Welt« ohne zwingend logische Gesetzmäßigkeiten. Ihre Phantasie kennt keine Grenzen, in den Zweigen von Bäumen wohnen am Abend Gespenster, und unbelebte Gegenstände können lebendig werden und denken und fühlen wie ein Mensch. Die ersten moralischen Urteile wie »gut« und »böse« entstehen, oft unter tätiger Mithilfe der Erwachsenen, aber nicht als abstrakte Kategorien, sondern konkret mit bestimmten Handlungen und Geschehnissen verknüpft. Es ist »böse«, jemand anderem wehzutun, und »lieb«, ihn zu streicheln oder ihm etwas abzugeben.

In diesem Alter ist das kindliche Interesse für Märchen am größten. Hier nämlich stoßen Kinder auf ihr eigenes magisches Denken, Urteilen und Empfinden. Bäume und Tiere können sprechen, sich in Menschen verwandeln und wieder zurück. Gut und Böse sind strikt voneinander getrennt. Sie selbst identifizieren sich dabei vorbehaltlos mit den »Guten«, den Elternlosen, Im-Stich-Gelassenen, den Benachteiligten, Traurigen, Unglücklichen, Ausgenutzten und Verlassenen und hoffen und bibbern, dass sie am Ende doch noch glücklich werden.

Ambivalenzen finden im kindlichen Denken dieses Alters noch keinen Platz. Deswegen gehört das »Böse« am Schluss – oft auf ziemlich drastische Weise – bestraft. Es entspricht dem Interesse und der Hoffnung *aller* Kinder, dass das »Gute« auch *in ihrem Leben* über das »Böse« siegt.

In dem in diesem Alter so beliebten Tun-als-ob-Spiel lernen Kinder zum ersten Mal ganz praktisch, sich in andere und ihre Gefühle hineinzuversetzen, was ebenfalls einen wichtigen Entwicklungsschritt markiert. Die Puppe weint, weil ihre Mama mit ihr geschimpft hat, der Bär ist traurig, weil er krank ist und mit den anderen Bärenkindern nicht spielen kann. Oft drücken Kinder in diesem Alter ihre eigenen Gefühlserfahrungen in solchen

Zuschreibungen auf andere Personen aus. Hier tut sich für sie ein neues Universum auf, in dem sich später dann die Computerspiele bis ins Erwachsenenalter ansiedeln und Heldinnen und Helden vermeintlich eigene Fähigkeiten und Zauberkräfte zugeschrieben werden. Man wird selbst zum Starken und Unbesiegbaren.

Die Kinder in diesem Altersabschnitt verfügen bereits über eine ganze Reihe von neuen Mitteln, um sich mitzuteilen. Noch immer leben sie stark im Augenblick und sind dabei stets auf sich und ihre jeweiligen Gefühle konzentriert. Ihr begriffliches Denken und ihre Fähigkeit zu Abstraktion sind noch kaum entwickelt. Mit anderen Worten: Sie teilen sich uns Erwachsenen nicht mit abstrakten Begriffen mit, sondern mit dem, was an Gefühlen und Gedanken gerade in ihnen vor sich geht. Darin liegt ihre große Stärke, und darin sind sie uns Erwachsenen, die sich bei persönlichen Themen gerne in Abstraktionen und Erklärungen flüchten, bei weitem überlegen. Zwischen dem, was sie innerlich beschäftigt, und dem, was sie davon nach außen mitteilen, besteht zu Beginn ihres Lebens noch keine scharfe Trennlinie.

Je offener die Atmosphäre ist, in der sie sich mitteilen können, und je weniger sie von den Erwachsenen für das, was diese nicht so gerne hören, zensiert werden, desto besser können sie lernen, ihre Gefühle auch sprachlich zum Ausdruck zu bringen. Diese Fähigkeit wird jedoch in einer Umgebung, die spontane Gefühlsregungen eher unterdrückt oder Kinder, wie schon Rousseau vor langer Zeit festgehalten hat, nach den Vorstellungen von Erwachsenen formen will, immer mehr unterdrückt. Heute gilt dies besonders für Kinder, die dem allgegenwärtigen Anspruch einer Glücksgesellschaft nicht nachkommen und sich wie die Erwachsenen ständig »super« und »toll« fühlen sollen. Da unglücklich zu sein aber auch für Kinder nicht aus der Welt zu schaffen ist, drücken sie es dann häufig lieber auf indirekte Art und Weise aus.

Nele (5) spielt zusammen mit ihrer Mutter. Gemeinsam haben sie den Pferdestall aufgebaut und die Pferde und ihre Fohlen in die Boxen gestellt. Nele kennt jedes Pferd bei seinem Namen. Es gibt alte und junge, schnelle und langsame, kleine und große, »liebe« und »freche« Pferde. Freche Pferde reißen gerne aus und tun nicht immer, was ihre Mütter und Väter ihnen sagen. Nele liebt die frechen Pferde ganz besonders. Jetzt werden noch Hindernisse aufgebaut, und los geht's mit dem Hindernisrennen. Sie und ihre Mutter führen jeweils ein Pferd. Als sie zu Ende gespielt haben und ihre Mutter den Raum verlassen hat, gehen einige Pferde, die am Ziel gewartet haben, aufeinander los und fangen an, miteinander zu kämpfen. Eine wilde Schlacht findet statt. Eines der Fohlen bleibt liegen und »weint«. Nele schimpft, das »böse« Pferd sei schuld.

Neles Eltern haben sich vor einem Jahr getrennt. Damals hat Nele wie so viele Kinder in diesem Alter nur wenig dazu gesagt, außer dass sie sich wünscht, dass ihre Eltern zusammenbleiben. Sie kann ihren Schmerz, ihre Trauer und ihr Unglück, dass ihre Eltern sich getrennt haben, auch noch ein Jahr nach der Trennung nur indirekt ausdrücken. Sie sagt nicht, dass sie jetzt immer noch unglücklich oder traurig ist. Aber sie will schon lange nicht mehr allein einschlafen und sucht abends, wenn immer jemand bei ihr bleiben soll, nach einem sicheren Hafen. Ihrer Wut, dass ihre Eltern nicht mehr gemeinsam für sie da sind, kann sie nur im Spiel Ausdruck verschaffen, und erst, nachdem ihre Mutter den Raum verlassen hat. Das wilde Gemetzel am Ende des Wettkampfs spiegelt ihr Gefühlschaos wider, ihre innere Verzweiflung. Das traurige Fohlen, das am Ende übrigbleibt, ist sie ebenso wie die »frechen« Pferde, die einfach weglaufen wollen. Das »böse« Pferd weist vielleicht auf den Vater oder auch die Mutter selbst hin, die sich von ihm getrennt und damit alles durcheinandergebracht hat.

Als ihre Mutter zurückkommt und den Haufen aufeinandergestapelter Pferde sieht, fragt sie Nele, was denn da passiert sei. »Die haben sich gestritten, und das kleine Pony da ist jetzt ganz traurig.« Ihre Mutter ahnt, worum es da geht, und statt nach dem Grund für den Kampf zu fragen, erkundigt sie sich bei Nele, wie man dem kleinen Pony denn jetzt am besten helfen kann, sich nicht so unglücklich zu fühlen. Nele sieht ängstlich zu ihr auf und sagt: »Gar nicht«, womit sie ihre eigene Machtlosigkeit gegenüber dem Streit und der Trennung ihrer Eltern zum Ausdruck bringt. Ihre Mutter geht auf diese Antwort nicht beschwichtigend ein, sondern fragt Nele, ob sie sich denn auch manchmal so traurig wie jetzt das kleine Pony fühlt. So kommen sie indirekt und ohne über Neles Gefühle selbst zu sprechen ins Gespräch. Und das Pony kann, stellvertretend für Nele, einige gute Vorschläge machen. Anschließend stellt sie die Pferde wieder in ihren Stall und das Pony, wie sie sagt, »zwischen seine Mama und seinen Papa«.

Matti (6) kommt aus der Kita nach Hause, er will nichts essen, will auch nicht noch einmal wie sonst mit seinem Vater auf den Spielplatz, sondern lieber, wie er sagt, »allein bleiben«. »Was ist denn los mit dir?«, fragt sein Vater, der sofort merkt, dass mit Matti etwas nicht stimmt, und legt liebevoll seine Arme um Mattis Schultern. Da fängt Matti an zu schluchzen und erzählt dem Vater, dass ein anderes Kind ihn aus seiner Gruppe geschubst und gesagt hat, er dürfe nie wieder mitspielen. »Aber ich muss doch in die Kita, wenn ihr beide arbeitet«, sagt Matti.

In Mattis Familie wird mit Gefühlen offen umgegangen. Matti hat einmal beobachtet, dass sein Vater, als seine Mutter abends beim Abendessen plötzlich anfing zu weinen, sich mitfühlend nach ihr und dem, was denn geschehen sei, erkundigt hat. Er sah zu, wie seine Mutter schon bald wieder über ihren Chef lachen konnte und die Atmosphäre sich entspannte. Als sein Opa starb, sagte sein Vater ihm, wie traurig und unglücklich er sei: »Eigentlich habe ich gerade Lust zu gar nichts.« »Wenn Frida (die Erzieherin) mich mal wieder ausgeschimpft hat, habe ich auch zu nichts mehr Lust, dann will ich am liebsten nach Hause«, antwortet Matti, und so kommen sie ins Gespräch über Gründe, sich lustlos und traurig zu fühlen. Für Matti bedeuten Gefühle kein Tabu, man darf sie in seiner Familie zeigen und kann jederzeit miteinander darüber reden. Unglückliche Kinder haben es so viel einfacher, sich mitzuteilen, und brauchen keine Angst zu haben, mit ihren Gefühlen allein gelassen zu werden.

Clara liest ihrer Tochter Paula (3) vor dem Schlafengehen das Märchen vom hässlichen Entlein vor. Paula kuschelt sich dabei ganz dicht an ihre Mutter. Sie fühlt mit dem kleinen Entlein, das niemand mag, und hofft, dass es bald einen Freund oder eine Freundin findet. Aber erstmal wird ja alles noch schlimmer, denn niemand will dem hässlichen Entlein auf seiner Wanderschaft wirklich helfen. Im Gegenteil, es wird immer wieder abgewiesen und muss alleine weiterziehen. Paula blickt hilfesuchend zu ihrer Mutter auf, als ob sie damit sagen will: »Kannst nicht du dem Entlein helfen?« »Ja, das Entlein ist sehr unglücklich, dass niemand es mag«, sagt ihre Mutter, die ihren Blick versteht, »aber hör zu, wie die Geschichte noch weitergeht.« Am Ende freut sich Paula, dass das hässliche Entlein doch Freunde findet und das Märchen gut ausgeht. Und vielleicht versteht sie zum ersten Mal, was das Wort »unglücklich« bedeutet. Erlöst von ihren Ängsten, die sie anfangs empfunden hat, sagt sie ihrer Mutter, sie wolle bald auch ein Schwan werden.

Märchen sind nicht nur ein gutes Mittel, um mit jüngeren Kindern darüber ins Gespräch zu kommen, wie sie sich gerade fühlen, sondern auch, um ihnen Gefühle zu *benennen*. »Da war die Stiefschwester aber ganz schön *böse.*« Oder: »Da war das Aschenputtel aber *traurig* und *unglücklich*, weil sie nicht mit zum Königsfest gehen durfte. Doch zum Glück hatten die Tiere sie *lieb* und alle haben ihr geholfen.« Die Personen (oder Tiere) schlüpfen mit ihren Gefühlen also förmlich in Begriffe, die man den Kindern anbieten kann, und erfüllen sie so anschaulich mit Leben. Das Kind lernt darüber langsam, auch seine eigenen Gefühle zu benennen, und findet den entsprechenden Begriff aus der Erwachsenenwelt für das, wie es ihm gerade geht.

6–12 Jahre

Das Leben des Kindes vor seinem sechsten bis siebten Geburtstag unterscheidet sich in vielen Punkten wesentlich von dem Leben danach. Durch das immer selbständiger werdende Lesen und Schreiben erobert sich das Kind nach und nach die Welt der Erwachsenen und ist zunehmend in der Lage, diese Welt auch mit *eigenen* Augen zu sehen. Die Entwicklung seines Denkens führt darüber hinaus dazu, abstrakte Begriffe besser zu verstehen und mit der Zeit selbst zu verwenden. Hinsichtlich der Thematik dieses Buches kommt es zu dem, was man als »kognitive Wende« im Leben eines Kindes bezeichnen kann, nämlich seine Fähigkeit, sich als Person von außen wahrzunehmen und somit auch seine Gefühlszustände in einen breiteren Rahmen einzuordnen. Zum Beispiel, dass man sich manchmal eher zu den glücklichen als unglücklichen Kindern zählt, dass man trauriger ist als andere, aber auch, dass man sich wohlfühlt und glücklich ist.

Psychologen nennen diesen nun möglichen Perspektivwechsel die Fähigkeit zu »dezentrieren«, also von sich selbst und seinem unmittelbaren Gefühlszustand absehen zu können und ihn in einen größeren, stark von der jeweiligen Umwelt geprägten Rahmen einzuordnen, was auch die Kritikfähigkeit und Moralvorstellungen eines Kindes beeinflusst. Die Fähigkeit, sich selbst mit den Augen eines oder einer anderen zu sehen und von dem, was gerade geschieht, Abstand nehmen zu können und nicht an ihm »hängen zu bleiben«, markiert Anfänge eines »reflexiven Denkens«.

Emma (9) wird oft ausgelacht, weil sie immer so ängstlich ist. Zum Beispiel traut sie sich noch nicht, zusammen mit der Klasse eine Nacht in ihrer Schule zu verbringen, wie es ihre Lehrerin den Kindern vorgeschlagen hat. Aber das sagt sie niemandem und versucht, ihre Angst gegenüber den anderen Kindern zu verbergen. Aber die Angst bleibt bestehen. Angst hat sie auch vor einem Jungen in der Klasse, der sie oft hänselt, weil sie an ihrem Rucksack ein Kuscheltier hängen hat, das er ihr immer wegnehmen will. Und was würde erst passieren, wenn er mitbekommt, dass sie dieses Kuscheltier noch zum Einschlafen braucht? Selbst ihre beste Freundin, die schon ein Jahr älter ist als sie, weiß nichts davon. »Warum bin ich nur so ängstlich bei allem?«, fragt sich Emma, und sie kennt niemanden, der es ihr erklären könnte. Mit ihrer Mutter traut Emma sich nicht, darüber zu sprechen. Wenn die Mutter von ihrer Arbeit spätabends nach Hause kommt, ist sie oft so müde, dass sie sich nach dem Abendessen gleich schlafen legt. »Sie ist schon traurig genug«, denkt Emma, seit ihr Vater ausgezogen ist. Auch sich ihrer besten Freundin anvertrauen will sie sich nicht, denn die hat vor nichts Angst und vielleicht will sie dann auch nicht mehr ihre Freundin sein.

Ein Kind zwischen sechs und zwölf Jahren ist noch längst kein »kleiner Erwachsener«. Es ist mit zunehmendem Alter durchaus in der Lage, über sich nachzudenken und seine eigenen Gefühle mit denen anderer zu vergleichen. Sein Denken und Handeln bleibt aber immer noch stark vom jeweils gegebenen Augenblick abhängig. Das Nachdenken über die eigene Vergangenheit und das Planen der eigenen Zukunft spielen in seinem Leben eine nur untergeordnete Rolle. Auch Emma interessiert noch nicht, was aus ihrer Ängstlichkeit später einmal wird. Ihr die Umstände zu »erklären«, die sie ängstlich und unglücklich machen, würde nur wenig helfen – was sie braucht, ist, so angenommen und anerkannt zu werden, wie sie ist, mit ihren Ängsten, ihrem Kuscheltier und mit ausreichend Verständnis für ein junges Mädchen, das sich viel zu früh für das Wohlergehen ihrer Mutter verantwortlich fühlen muss.

Tim (10) hat in Mathematik eine Fünf geschrieben und in Deutsch »nur« eine Vierminus. Seine Lehrerin hat ihm gesagt, eigentlich sei er ja ein intelligentes Kind, aber schon seit Wochen einfach viel zu faul. Auch seine Hausaufgaben habe er oft vergessen und im Unterricht nur herumgeträumt.

Tim ist unglücklich. Nicht wegen der Fünf in Mathe, sondern weil seine Lehrerin und seine Eltern ihn nicht verstehen. In den letzten Wochen konnte er nicht so gut lernen, weil sein Opa wegen Corona ins Krankenhaus gekommen war und Tim Angst hatte, er werde sterben. Das hat er sich aber nicht getraut zuzugeben, weil alle in seiner Familie, auch die beiden älteren Geschwister, immer so taten, als ob nichts geschehen wäre. Auch hatten seine Eltern ihm schon häufig gesagt, er müsse lernen, mehr an sich selbst zu denken, denn sonst käme man im Leben nicht voran. Im Moment aber dachte Tim nur an seinen Opa im Krankenhaus und alles andere interessierte ihn nicht.

12–18 Jahre

Jugendliche sind mit zunehmendem Alter immer mehr in der Lage, ihre Gefühle in Worte zu fassen, können sie mit denen anderer vergleichen, dabei von sich selbst abstrahieren und sie vergleichsweise objektiv einordnen. Obwohl der gegenseitige Austausch und die entsprechende Kommunikation mit Jugendlichen also auf einem viel anspruchsvolleren Niveau als in ihrer Kindheit stattfinden kann, spielen, gerade wenn es um ihre Gefühle geht, auch in dieser Altersspanne noch immer viele Mechanismen eine Rolle, die wir bereits am Beispiel der jüngeren Kinder kennengelernt haben. Auch Jugendliche äußern sich Eltern und Erwachsenen gegenüber eher ungern über ihre eigene Gefühlswelt, vor allem, um sich von ihnen nach und nach abzugrenzen, was in ihrem Alter eine wichtige Entwicklungsaufgabe ist. Schließlich sind sie keine Kinder mehr, und ihre Gefühle gehen die Eltern nichts mehr an, mit denen müssen sie jetzt allein fertigwerden. Dies gilt insbesondere für die Empfindungen, die mit ihrer erwachenden Sexualität zu tun haben, und später für ihre ersten sexuellen Erfahrungen. Der Gruppe der Gleichaltrigen kommt immer mehr Bedeutung zu, und wenn über Gefühle gesprochen wird, dann dort. Aber auch hier gilt vielen unglücklich zu sein als Makel, wird es doch oft mit *Schwäche* gleichgesetzt, wenn ihnen Tag für Tag in den sozialen Medien und von einer Heerschar von Influencerinnen und in unzähligen, oft nachträglich bearbeiteten Fotos und Videos eingehämmert wird, wie leicht es sei, das eigene Glück zu finden, wenn man nur will: »Don't worry, be happy«! Unglücklich zu sein kommt dann einem Regelbruch gleich, ist Spaßbremse, ist tabu. Feiern ist angesagt! Weshalb Jugendliche von ihrem Unglück auch nur denen erzählen, denen sie absolut vertrauen. Werden solche intimen Äußerungen dennoch weitergegeben, wie es manchmal vorkommt, empfindet der oder die Jugendliche dies als Verrat und schweigt fortan lieber.

Auch die Rolle der Eltern verändert sich, wenn ihre Kinder nun älter werden. Noch erziehen sie ihr Kind, sprechen Gebote und Verbote aus, die sie gegebenenfalls auch durchsetzen können. Aber ihr direkter Einfluss auf seine Lebensweise wird schwächer, zumal ihre Möglichkeiten, ihr Kind bei dem zu kontrollieren, was es gerade macht, auch räumlich beschränkt sind. Eine Vierzehnjährige, die zusammen mit ihren Freundinnen abends einen Club besucht, lässt sich vor Ort nicht mehr beaufsichtigen. Nun müssen ihre Eltern darauf vertrauen, dass sich ihre Tochter hinsichtlich von Risiken und Gefahren in ihrer Welt *selbst* behaupten und zurechtfinden kann. Vielen fällt das nicht leicht.

Die Frage nach dem Recht des Kindes, unglücklich zu sein, wird im Jugendalter also noch einmal ganz neu gestellt. Denn je älter die Jugendlichen werden, desto mehr wollen sie selbst darüber bestimmen, was für sie »Glück« und »Unglück« bedeuten. Anstelle der Fürsorge von Eltern, ihre Kinder glücklich zu machen, anstelle des Wunsches nahezu aller Eltern, ihr Kind bis ins Erwachsenenalter hinein glücklich zu sehen, findet jetzt ein offener Austausch zwischen den Generationen darüber statt, was ein »glückliches Leben« überhaupt ausmacht. Die Meinungen dazu können stark voneinander abweichen und zu heftigen Konflikten führen.

Mehmet (15) ist unglücklich. Seine Eltern verstehen nicht, wieso er den Laden seines Vaters nicht übernehmen will. So hat er es ihnen gesagt, und dazu steht er. Viel lieber würde er, der in seinem Fußballverein viel Erfolg hat, nach Abschluss der Realschule eine Ausbildung als Physiotherapeut machen. Er hat sich sogar schon nach einer entsprechenden Ausbildung in der Nähe erkundigt, sodass er noch bei seinen Eltern und Geschwistern wohnen bleiben und ihnen im Laden helfen kann.

Sich von den Glücksvorstellungen der Eltern zu befreien, bedeutet für manche Jugendliche oft einen Bruch mit deren Vorstellungen. Dies gilt auch für Mehmet. Er will seine Eltern nicht enttäuschen, er achtet seinen Vater und dessen Vorstellungen, was ein gutes Leben betrifft, für das er selbst hart kämpfen musste. Eine Entscheidung gegen ihn zu treffen, auch wenn sie nur seinen Berufswunsch betrifft, zerreißt ihn innerlich. In dieser Situation braucht er Hilfe von außen. Ein Onkel, dem er sich mit seinem Kummer anvertraut, verspricht, mit seinem Vater zu reden. Wenn auch widerstrebend stimmt der Mehmets Berufswunsch zu, schließlich könnte sich im Verlauf der nächsten Jahre Mehmets Vorstellung von seiner beruflichen Zukunft noch einmal ändern.

Eltern bleiben im Gegensatz zu Freunden immer Eltern, und man trägt sie und ihre Ideale und Vorstellungen ein Leben lang mit sich herum, im Guten wie im Schlechten. Und dies betrifft eben auch die Frage, was für die einen Glück im Leben bedeutet und für die anderen weniger oder gar nicht.

Aline (18) will nach dem Abitur zusammen mit ihrer Freundin eine Weltreise unternehmen. Ihre Eltern, beide Ärzte, wollen davon jedoch nichts wissen. Nach ihren Vorstellungen soll sie sofort mit dem Studium beginnen, am besten Medizin, so wie sie und ihre beiden Brüder es auch gemacht haben. Aline hingegen weiß noch nicht, was sie später einmal werden möchte, und braucht nach ihren Worten »noch ein bisschen Zeit«, um sich für etwas zu entscheiden, was sie nach der Schule machen will. Trotz aller Differenzen hängt auch Aline wie fast alle Kinder an ihren Eltern und will sie nicht enttäuschen. Innerlich hin- und hergerissen weiß sie nicht, was sie tun soll, und fühlt sich oft einsam und unglücklich. Obwohl es ihr die Eltern verbieten, mit ihrer Freundin die ersehnte Weltreise anzutreten, zieht Aline trotzdem los. Als sie ihnen bei ihrer Rückkehr mitteilt, sie wolle etwas anderes studieren als Medizin und mit ihrer Freundin in eine andere Stadt ziehen, kommt es zum offenen Bruch. Wortlos und unglücklich verlässt Aline ihr Elternhaus. Aline beginnt ihr Pädagogikstudium mit viel Elan und Zuversicht, aber als sich ihre Freundin von ihr trennt, fühlt sie sich von ihr im Stich gelassen und wieder allein. Sie bekommt Angst, immer depressiver zu werden, ist aber auch zu stolz, um wieder in ihr Elternhaus zurückzukehren. Sie kümmert sich um eine Therapie, die ihr dabei hilft, die Konflikte mit ihren Eltern besser zu verstehen und erträglich zu machen.

Aline fand für sich keinen Weg, sich mit ihren Eltern zu verständigen, die von ihren Vorstellungen vom Leben nichts wissen wollten. Ohne die Unterstützung der eigenen Eltern einen Platz im Leben zu finden, ist schwierig. Bei ihrer Freundin fand Aline die Unterstützung und Zuwendung, die sie bei ihren Eltern so vermisst hatte. Als die sich von ihr trennt, fühlt sich Aline einsam und hilflos, besitzt aber auch den Mut, sich in dieser Situation Hilfe bei einer Therapeutin zu organisieren.

10. Kapitel
Was unglückliche Kinder von uns erwarten

Die richtige Beziehungsebene finden

Um unglücklichen Kindern helfen zu können, braucht es eine von Respekt und äußerem Anpassungsdruck befreite häusliche Atmosphäre. Sie entscheidet darüber, ob ein Kind und später ein Jugendlicher befähigt wird, uns seine Gefühle auf der Beziehungsebene authentisch, d. h. ohne sich verstellen zu müssen, mitteilen zu können. Und da Kinder sich häufig an erwachsenen Vorbildern orientieren, gehört dazu auch ein offener Umgang der Erwachsenen untereinander, was ihre *eigenen Gefühle* betrifft. Wenn Eltern sie nicht zur Sprache bringen können und stattdessen verdrängen oder vor anderen verstecken, macht sich das auch in der Beziehung zu ihren Kindern bemerkbar. Nicht nur, dass den Kindern für ihre eigenen Gefühlsäußerungen die Vorbilder fehlen, sondern auch, weil sie mit der Zeit von ihren Eltern lernen, dass man Gefühle am besten für sich behält und sie anderen nicht mitteilt. Die Kinder sperren ihre Gefühle gleichsam in sich ein, wo sie aber weiterbestehen und sich dann häufig andere Ausdrucksmöglichkeiten suchen, die es den unglücklichen Kindern noch schwerer machen, das, was in ihnen wirklich vorgeht, anderen mitzuteilen. Sie fangen an, sich zu verstellen, oder spielen anderen vor, dass sie stark und durch nichts aus der Ruhe zu bringen sind, obwohl es in ihrem Innern ganz anders aussieht.

Unglücklichen Kindern wirklich helfen zu können, hat also viel mit der Beziehungsebene zu tun, auf der wir ihnen begegnen. Wenn sie sich unglücklich fühlen, erwarten sie von uns, nicht von oben herab behandelt, sondern vor allem von uns ernst genommen zu werden. Es geht ihnen darum, dass wir ihnen im Gespräch keinen Makel anheften und ihr Unglück als Schwäche deuten oder als Gefühl, das in einer Gesellschaft, in der sich immer alle glücklich fühlen sollen, nicht vorkommen darf. Wir als Erwachsene müssen ihnen deshalb ohne eigene Vorurteile auf Augenhöhe begegnen, was bedeutet, dass wir sie respektieren, ihre Gefühle ernst nehmen und ihre an uns gerichteten Bedürfnisse wahrnehmen.

Gleichwürdigkeit

Mit unglücklichen Kindern muss man Geduld haben und die Zeichen, mit denen sie ihr Unglücklichsein zum Ausdruck bringen, erkennen. Es gilt, sie auf der Beziehungsebene zu befähigen, darüber zu sprechen, dass sie sich nicht wohlfühlen, dass sie unglücklich sind, und sie in die Lage zu versetzen, wenn möglich, ihr Unglück selbst und natürlich auch mit unserer Unterstützung zu überwinden. Der dänische Familientherapeut Jesper Juul spricht in diesem Zusammenhang von der »Gleichwürdigkeit« in der Begegnung mit einem Kind. Was er damit meint, hat er in einem Gespräch mit mir einmal folgendermaßen erklärt:

»Es geht mir nicht darum, dass Kinder und Erwachsene hinsichtlich ihrer Machtansprüche ›gleich‹ sein sollen. Vielmehr betont der Begriff die Tatsache, dass sowohl kognitive als auch verbale, nonverbale und emotionale Reaktionen vonseiten der Kinder bedeutungsvolle Botschaften sind, die in gleichem Umfang ernst genommen werden müssen. Ganz grundsätzlich sollten wir (…) *jedem Menschen die gleiche Würde zugestehen.* (…) Die ›gleiche Würde‹, die jedem Menschen zugstanden wird, ist entscheidend für die Qualität einer Beziehung. (…) Schauen wir unsere Kinder und Jugendlichen an! Ihre Botschaften zeigen relevante Aspekte der augenblicklich bestehenden Beziehung und sind deshalb hilfreich, um die Qualität und den Ablauf unserer Interaktionen immer wieder anzupassen.«[50]

Juul spricht hier von der Begegnung mit einem Kind oder Jugendlichen auf Augenhöhe, was nicht meint, dass Kinder und Erwachsene auf der Beziehungsebene einen gleichberechtigten Platz einnehmen. Natürlich verfügt der Erwachsene gegenüber dem Kind über einen Wissens- und Erfahrungsvorsprung, aus dem heraus er ihm einen Rat zukommen lassen oder gegebenenfalls auch ein Verbot aussprechen kann, wenn sich das Kind oder der Jugendliche selbst oder andere gefährdet. Gleichwürdigkeit bedeutet auch nicht, dass ein Kind tun und lassen kann, was es will oder was ihm gerade einfällt. Gleichwürdigkeit gilt vielmehr als die Grundlage jeder Beziehung mit einem Kind, seine Botschaften, unabhängig davon, wie es sie ausdrückt und ob sie uns gefallen oder nicht, ernst zu nehmen und sie zunächst ohne jegliche Vorbehalte anzunehmen. Gleichwürdigkeit ist also die *Voraussetzung* für einen *aufrichtigen Dialog* mit einem Kind, das sich von uns Erwachsenen nicht bevormundet, gegängelt oder ausgenutzt fühlt. Nur unter diesen Voraussetzungen wird es sich uns gegenüber öffnen, ohne fürchten zu müssen, für das, was gerade in ihm vorgeht und sein Handeln bestimmt, sofort Widerspruch zu ernten oder sogar dafür bestraft zu werden.

Das Kind mit seinen Gefühlen zu akzeptieren gilt besonders, wenn Kinder mit ihrem Denken und Handeln Alltagsroutinen durcheinanderbringen, gewohnte Abläufe stören und vom Ideal einer stets funktionierenden Familie abweichen. Nur wenn ein Kind sich von seinen Eltern ohne Wenn und Aber angenommen fühlt, mit all seinen guten und schlechten Seiten, wird es sich ihnen gegenüber ehrlich öffnen können und davon erzählen, was *wirklich* in ihm vorgeht.

Im ersten Teil des Buches habe ich im Zusammenhang mit bindungstheoretischen Überlegungen bereits auf die existenziellen Bedürfnisse *eines jeden Kindes* hingewiesen wie seinen Wunsch nach Sicherheit und Geborgenheit, nach Resonanz und Anerkennung. Dabei habe ich versucht, diese Bedürfnisse aus Sicht des Kindes in Worte zu fassen, und ihre Bedeutung für eine sichere Bindung hervorgehoben. Die Achtung seiner existenziellen Bedürfnisse sorgt aber nicht nur für eine sichere Bindung des Kindes an seine Eltern, sondern gehört auch zu den Grundlagen einer gleichwürdigen Beziehung, die es dem Kind oder auch Jugendlichen ermöglicht, Erwachsenen gegenüber angstfrei seine Gefühle zu äußern: »Bei euch fühle ich mich wohl und sicher. Euch kann ich mich anvertrauen. Manches behalte ich manchmal lieber für mich, auch dies ist mein Recht. Aber wenn ich euch brauche, kann ich mich euch gegenüber öffnen und mitteilen, was gerade in mir vorgeht.«

Erwachsene können auf der Beziehungsebene also durchaus Bedingungen bereitstellen, die es dem Kind ermöglichen, sich ihnen gegenüber hinsichtlich ihrer Gefühle offen und angstfrei zu äußern. Die dafür wichtigste Voraussetzung ist, dass sich das Kind von Geburt an in all seinen Äußerungen nicht übergangen und übersehen fühlt und dass es sicher davon ausgehen kann, von seinen nächsten Bezugspersonen gehört und gesehen zu werden.

Gehen wir deshalb im Folgenden noch einmal exemplarisch die grundlegenden Bedürfnisse von Kindern dahingehend durch, wie wir als Erwachsene auf der Beziehungsebene für einen ehrlichen und offenen Austausch sorgen können.

Vertrauen, Sicherheit, Geborgenheit: »Wenn du mich brauchst, bin ich für dich da.«

Dialogbereitschaft: »Du wirst gesehen und gehört, egal, wie es dir gerade geht.«

Selbstgefühl: »So wie du bist, darfst du sein.«

Selbstwert: »Du bist wertvoll für mich. Ich sehe deine Schwächen, aber vor allem, was mir an dir gefällt.«

Selbstwirksamkeit: »Was du dir vornimmst, kann dir in den meisten Fällen auch gelingen. Ich unterstütze dich dabei.«

Eine wichtige Rolle spielt also, dass wir ein Kind und seine gefühlsmäßigen Äußerungen zunächst bedingungslos anerkennen und wertschätzen. Nur dann wird es sich uns gegenüber öffnen können. Wenn wir uns dem Kind liebevoll zuwenden, fasst es den Mut, uns sein empfundenes Unglück zu zeigen und mit uns zusammen neue Hoffnung zu schöpfen, dass sich die Dinge zum Positiven hin verändern lassen. Um diese Beziehungsebene herzustellen, bedarf es des kritischen Blicks auch auf unsere eigenen Stimmungen und Gefühle und darauf, inwieweit sie die Beziehung zu unserem Kind belasten oder fördern.

Es geht mit anderen Worten darum, die Gefühle des Kindes nicht sofort entlang eigener Erfahrungen zu beurteilen und sie entsprechend aus einer Position der Stärke und Überlegenheit zu beurteilen, sondern sie zunächst und bevor wir uns als Eltern dazu äußern, auf uns wirken zu lassen.

Was ich in diesem Zusammenhang »spürende Begegnungen« nenne, meint nichts anderes, als die Stimmung eines Kindes vor jeder Beurteilung auf uns wirken zu lassen, sie anzunehmen und, bevor wir reagieren, kurz innezuhalten und nachzudenken: »Was könnte in meinem Kind gerade vorgehen? Warum wirkt es so traurig und einsam? Welche Gründe könnte es geben, dass es sich vielleicht unglücklich fühlt? Muss ich sie ernst nehmen? Wie kann ich meinem Kind für seine Gefühle entsprechenden Raum geben, ohne gleich einzugreifen?« Der Ausgangspunkt unserer Überlegungen muss immer sein, dass jedes Verhalten eines Kindes einen Sinn ergibt, auch dann, wenn es von unseren Vorstellungen abweicht. Mit anderen Worten: Es kommt darauf an, herauszufinden, warum sich ein Kind so und nicht anders verhält.

An unseren Blicken und Gesten, auch an unserer Nachdenklichkeit, bevor wir uns äußern, merkt ein Kind, dass wir ihm seine Gefühle nicht gleich ausreden wollen, dass wir sie und damit das Kind als Ganzes ernst nehmen. Die liebevolle Atmosphäre, in der diese Begegnung stattfinden sollte, beruhigt es und macht es frei, von sich zu berichten, ohne Angst zu haben, uns damit als Eltern oder Erwachsene selbst zu beunruhigen.

Gute Gespräche führen

Mit Kindern jeglichen Alters über etwas zu sprechen, was ihnen Spaß und Freude bereitet, oder ihnen etwas anzukündigen, was ihnen gefällt, führt zu keinerlei Problemen. Im Gegenteil, wenn wir mit Kindern über etwas reden, von dem wir wissen, dass es ihnen gefällt, bereiten solche Gespräche uns als Eltern und Erwachsenen viel Freude. Wir freuen uns mit ihnen, wenn wir von etwas Lustigem und Angenehmem erzählen oder gemeinsame Pläne schmieden, was ihnen Spaß und Freude bereiten könnte. Wenn sie noch klein sind, lassen wir sie und ihre Puppen und Lieblingstiere an solchen Gesprächen teilnehmen und haben zusammen viel Spaß. Auf diese Weise schaffen wir eine rundum friedliche, offene und allen wohltuende Atmosphäre. Wenn wir uns ihnen dabei nicht mit unseren Absichten zu sehr aufdrängen, bleiben sie neugierig und eifrige Gesprächspartner. Ihre eigene

Phantasie und das Wirkliche finden zueinander und befruchten sich gegenseitig.

Ganz anders stellen sich die Gespräche mit Kindern und später auch Jugendlichen dar, wenn wir es mit schwierigen, schmerzlichen oder auch uns selbst belastenden Themen zu tun haben. Davon soll im Folgenden abschließend die Rede sein: Wie mit Kindern reden, die unglücklich sind? Dabei spielt ihr Alter und der Entwicklungsabschnitt, in dem sie sich befinden, eine bedeutende Rolle.

Lars (3) wirkt auf seine Eltern unglücklich. Er hat keinen richtigen Appetit mehr, kann abends nicht einschlafen, weint viel und klammert sich bei jeder Gelegenheit an seine Mutter. Seine Eltern fragen sich, was mit ihm los ist. In der Kita, so berichten die Erzieherinnen, wirke er sehr ängstlich und suche ständig ihre Nähe. Auf die Frage, was ihn so bedrückt, weiß er keine Antwort.

Kinder im Alter von Lars können ihre Gefühle noch schlecht in Worten ausdrücken. Auf der anderen Seite sind sie aber viel weniger in der Lage als ältere Kinder, ihre Gefühle vor den Erwachsenen zu verbergen. Schmerzhafte Gefühle drücken sie weniger durch Worte als durch ihr Verhalten direkt aus. Dabei spielen ihre Körperhaltung, ihre Bewegungen, aggressives Verhalten oder Rückzug und auch ihr suchender Blick nach Hilfe und Unterstützung eine große Rolle. Sie verfügen noch nicht wie ältere Kinder über die Fähigkeit, sich zu verstellen und so zu tun »als ob«.

Direkte Fragen danach, was mit ihnen ist, führen in diesem Alter aber nur selten zu einem Ergebnis. Auf Fragen »Was ist los mit dir?« oder »Erzähl uns doch, was dich bedrückt« schweigen sie meistens. Auch auf Suggestivfragen sollte unbedingt verzichtet werden: »Bis du unglücklich, weil ein anderes Kind dich in der

Kita geschlagen hat?« Oder: »Fühlst du dich nicht gut, weil der Papa gestern so mit dir geschimpft hat?« Besonders jüngere Kinder neigen in diesem Fall dazu, die Frage zu bejahen, um es sich damit einfach und um sich bei ihren Eltern nicht unbeliebt zu machen.

Um einen Kontakt zu ihm herzustellen, gilt es zunächst, eine Atmosphäre zu schaffen, in der sich das kleine Kind sicher und geborgen fühlt. Kinder in diesem Alter lassen gerne Lieblingstiere für sich sprechen – es kann auch ein Tuch sein, das sie immer mit sich herumschleppen, oder die Figur aus einer Geschichte, die sie besonders lieben. Anstatt sie also direkt danach zu fragen, was mit ihnen los ist, bietet es sich an, sich stellvertretend für das Kind für das zu interessieren, was gerade mit seinem Kuscheltier los ist. »Es sieht mich ganz traurig an, guck doch mal, da liegt es und scheint ganz unglücklich zu sein.« Manche Kinder im Alter von drei bis sechs Jahren antworten dann ganz spontan: »Vielleicht ist es krank?« »Vielleicht hat es sich wehgetan?« Sie verfügen, wie wir gesehen haben, über eine ausreichende Phantasie, sich vorstellen zu können, was mit seinem Bären oder seiner Puppe gerade los sein *könnte*. Das muss nicht immer mit dem identisch sein, was mit ihnen selbst los ist, aber ihre Vorstellung von dem, was sein könnte, eröffnet uns die Möglichkeit, mit dem Kind auch schon in diesem Alter gut ins Gespräch zu kommen. »Ja, du hast recht. Es könnte gut sein, dass der kleine Bär so unglücklich ist, weil er krank ist und ihm etwas wehtut. Das hast du ja auch schon bei dir erlebt.« Wenn das Kind nickt, aber weiter schweigt, muss man Geduld haben und es erst einmal dabei belassen. »Gute Nacht, kleiner Bär und gute Besserung. Vielleicht geht es dir morgen schon wieder viel besser.«

Vielleicht, wir können es nicht im Voraus wissen, bezieht das Kind diesen Satz nun auch auf sich. Er macht ihm Hoffnung, dass etwas Schlimmes, etwas Trauriges, mit dem es selbst gerade kämpft, wie für den Bären auch für es selbst am nächsten Tag besser werden kann. Dass ihn der ältere Junge aus seiner Kitagruppe am nächsten Tag nicht wieder schubst, wenn er sich unbeobachtet fühlt, einen Bauklotz nach ihm wirft und ihn bedroht. Wie im angeführten Beispiel wissen wir ja gar nicht immer sofort den Grund, warum ein kleines Kind sich unglücklich fühlt, außer es liegt auf der Hand, weil seine Eltern zu Hause Probleme miteinander haben oder uns als Eltern mitgeteilt wurde, dass seine Lieblingserzieherin die Kita verlassen hat oder ein anderes Kind ihm wehgetan hat.

Den Grund für sein Unglücklichsein zu wissen, macht es natürlich leichter, mit dem Kind ins Gespräch zu kommen. Aber auch dann sollten wir ihm die Freiheit lassen, sich zunächst näher mit dem zu beschäftigen, was es gerade so unglücklich macht, und ihm nicht sofort die Erklärung für sein Unglücklichsein liefern. Dabei müssen wir im Auge behalten, dass viele Kinder und Jugendliche ihre Eltern schonen wollen, wenn es ihnen schlecht geht, und auch deswegen nur ungern darüber sprechen. Beispiele aus der eigenen Kindheit können eine große Hilfe sein, das Kind zu ermuntern, über sich zu sprechen. Sie befreien Kinder von ihrem Glauben, dass unglücklich zu sein nur sie betrifft.

Um noch einmal auf das Beispiel von Lars zurückzukommen. Seine Eltern können am nächsten Abend das Gespräch mit und über seinem Bären wieder aufnehmen und sagen: »Ich glaube, dass der Bär schon wieder gesund ist, aber er sieht immer noch so unglücklich aus. Was kann ihm nur passiert sein?« Wenn das Kind darauf keine Antwort parat hat, ist es auch gut. Wir decken seinen Bären gut zu und wünschen ihm für den nächsten Tag dennoch alles Gute. Aber vielleicht haben wir auch Glück und das Kind sagt: »Ich glaube auch, dass er wieder gesund ist. Aber er hat immer noch Angst, ganz doll ausgeschimpft zu werden.« – »Aber warum denn das?« – »Weil er was Schlimmes gemacht hat.« – »Was könnte das denn gewesen sein?«

Die Episode, die wir nicht weiterverfolgen wollen, zeigt uns, wie wir auf Umwegen mit einem Kind, das uns unglücklich erscheint, ins Gespräch kommen und in seine Gefühle vordringen können, ohne es mit unseren Fragen zu löchern. Wir bieten ihm einen sicheren Raum und die Möglichkeit, einen anderen für sich fühlen und sprechen zu lassen. Es geht also nicht darum, das Kind auszufragen, was mit ihm los ist. Es geht darum, ihm die Freiheit zu geben, sich und seine Gefühle im Spiegel eines anderen vorzustellen und uns auf diese Weise um Hilfe und Unterstützung zu bitten.

Auf seine Eltern wirkt Sven (8) seit einigen Tagen auffällig schweigsam. Wenn er vom Fußballtraining kommt, blickt er nur selten von seinem Teller auf, hat wenig Appetit und verlässt schnell den Tisch, um sich in sein Zimmer zurückzuziehen. Wenn seine Mutter bei ihm anklopft und sich nach ihm erkundigen will, sitzt er auf seinem Bett, und sein Blick wendet sich auch hier schnell von ihr ab. Zunächst dachten seine Eltern, es könnte mit der Schule zu tun haben, schließlich ein häufiger Grund für Kinder, unglücklich zu sein und trotzdem nicht mit der Sprache herauszurücken. Aber Sven hatte in der Schule offensichtlich keine Probleme, wenn er mittags nach Hause kommt, ist er meistens gutgelaunt und fröhlich. »Vielleicht stimmt da in seinem Fußballverein etwas nicht, schließlich kommt er immer dann so niedergeschlagen nach Hause«, überlegt sein Vater. Er fragt seinen Sohn aber nicht sofort: »Hat es irgendetwas mit dem Fußballtraining zu tun, dass du immer so niedergeschlagen bist, wenn du danach nach Hause kommst?«, sondern wartet ab, bis sich für das Gespräch ein günstiger Zeitpunkt findet. Er weiß, dass Kinder in diesem Alter nur ungern zugeben, wenn sie im Sportverein Probleme haben, weil man ihre Leistung infrage stellt und nicht würdigt. Aber als sie sich im Fernsehen gemeinsam ein Fußballspiel ansehen, ist die Gelegenheit günstig, um ins Gespräch zu kommen. Sie fachsimpeln über gute und schlechte Spieler, über den riesigen Aufwand, den sie als Kinder und Jugendliche betreiben müssen, um »echte Profis« zu werden, über Schwächen und Stärken und Erfolg und Misserfolg. Als das Spiel zu Ende ist, bleibt Sven noch für kurze Zeit neben seinem Vater sitzen und sagt plötzlich unvermittelt, dass er mit dem Fußballverein, in dem er seit fast zwei Jahren trainiert, aufhören möchte. Und dann sprudelt es förmlich aus ihm heraus: Sein Trainer würde ihn ständig »fertigmachen«, bei den meisten Spielen müsse er auf der Bank sitzen, obwohl er doch schon zwei Tore für seine Mannschaft geschossen habe, immer hoffe er dann, eingewechselt zu werden, aber der Trainer lasse ihn meistens einfach dort sitzen, bis das Spiel zu Ende ist. Er sei einfach nicht gut genug, um eingewechselt zu werden, würde er dann vor allen Mannschaftskameraden sagen.

In Svens Familie herrscht eine Atmosphäre, in der über Gefühle offen gesprochen wird. Die Eltern von Sven sind nicht überängstlich, wenn ihr Sohn manchmal unglücklich wirkt. Aber in diesem Fall spüren sie, dass es mehr ist als eine vorübergehende Stimmung, auch wenn sich ihr Sohn offensichtlich nicht immer schlecht fühlt. Sie fordern ihn nicht auf, mit dem herauszurücken, was ihn so beschäftigt, sondern warten erst einmal ab und beobachten. Offensichtlich hat Sven Schwierigkeiten, sich ihnen gegenüber mit dem, was ihn so bedrückt, zu öffnen.

Sven fand es ungerecht, wie er von seinem Trainer behandelt wurde. Darüber und dass er immer wieder auf die Ersatzbank gesetzt wurde, war er unglücklich und wollte ihm und damit auch seinen Mannschaftskameraden zunächst beweisen, doch ein guter Fußballer zu sein. Als er aber merkte, dass er bei diesem Trainer nicht weiterkam, keine Anerkennung fand und von ihm sogar vor anderen heruntergemacht wurde, reifte sein Entschluss, den

Verein zu verlassen, obwohl er sich für diese Niederlage ein wenig schämte. In diesem Konflikt, nämlich aufzuhören oder weiterzumachen, spürte Sven an der vorsichtigen Haltung seiner Eltern, dass sie zu ihm halten würden, egal wie er sich entscheiden würde. Schon früher hatten sie immer wieder gemeinsam eine Lösung finden können, wenn er mit irgendetwas nicht klargekommen war. Als er seinem Vater dann seinen Entschluss, den Verein zu verlassen, mitteilt, finden seine beiden Eltern anerkennende Worte für seinen Mut und seine Entscheidung. Gemeinsam überlegen sie, ob Sven den Verein vielleicht wechseln oder mit dem Sport erst einmal eine Pause machen möchte.

Dass ihr Sohn unter etwas litt, machte auch Svens Eltern traurig, aber sie haben ihm Zeit gelassen und ihm darin vertraut, sich selbst zu äußern. Sie spürten, dass er unglücklich war, aber es gab auch viele Anhaltspunkte, dass er ansonsten mit sich und auch in der Schule gut zurechtkam. Sein Vater, der langsam ahnte, dass es etwas mit Svens Fußballverein zu tun haben könnte, wartete eine günstig Situation ab, um mit seinem Sohn ins Gespräch zu kommen – das gemeinsame Anschauen eines Fußballspiels. Hier konnte er mit Sven auf Augenhöhe fachsimpeln und ihm darüber ermöglichen, von seinen Erfahrungen in seinem Verein zu sprechen.

Emilia (13) ist in die Pubertät gekommen. Sie spürt, wie sich ihr Körper langsam verändert, dass sie nicht mehr das kleine Mädchen ist, das auf Wanderungen brav hinter ihren Eltern herläuft, Schutz und Trost bei ihnen sucht, wenn sie etwas bekümmert, und ihnen in nahezu allen Dingen, zumindest, wenn es darauf ankommt, vertrauen kann. Zunehmend hat sie das Gefühl, sich mit dem, was in ihr vorgeht, an sie nicht mehr wenden zu können, dass sie allein damit fertigwerden oder sich bei ihren Freundinnen oder im Netz Rat suchen muss. Die zunehmende Distanz zu ihren Eltern macht ihr manchmal

Angst. Dann wirft sie sich in die Arme ihrer Mutter und schämt sich anschließend über sich selbst. Die Welt ist unsicher für sie geworden, das vormals Selbstverständliche ist nicht mehr selbstverständlich. Etwas Neues kommt auf sie zu, aber sie weiß noch nicht genau, wie sie damit umgehen soll. Manchmal fühlt sich Emilia ohne Grund ganz unglücklich, was ihre Eltern an ihr wahrnehmen. Doch sie verzichten zunächst darauf, ihr komplizierte Erklärungen für ihren Zustand anzubieten, sie sind präsent und bieten ihr Hilfe für den Fall an, dass sie mit ihnen reden will – mehr nicht.

Die Pubertät bedeutet für alle Jugendlichen einen Umbruch in ihrem Leben, ein neues Lebenskapitel wird aufgeschlagen, und für viele fühlt es sich so an, als sei ihre Kindheit endgültig vorüber. Es erfüllt sie mit Stolz, selbständiger zu werden, die Gefühle schwanken oft zwischen himmelhochjauchzend und betrübt. Das erste sexuelle Begehren wirft neue Fragen auf, auch nach der eigenen geschlechtlichen Identität. In dieser Phase fühlen sich manche Jugendliche unglücklich. Unglücklich mit ihrem Körper, unglücklich, in der Beziehung zu den Eltern so hin- und hergerissen zu sein. Manchmal treten auch vorübergehend psychische Probleme auf, Ängste, kleine Tics oder einfach nur traurige Phasen, in denen sich die Jugendlichen als depressiv empfinden. Es kommt auch zu unerwarteten aggressiven Ausbrüchen, die sich buchstäblich gegen alles richten können, Eltern oder Geschwister, gegen die Leistungsanforderungen in der Schule, weil die Gedanken immer irgendwo anders sind, nur nicht beim Lernen.

In der Pubertät Gespräche mit seinen Kindern zu führen ist nicht einfach. Sie wollen sich abgrenzen und keinen elterlichen Rat, sondern alles alleine machen und die Welt, anders als in ihrer Kindheit, noch einmal selbst für sich entdecken. Vorschriften, wie sie sich verhalten sollen, lehnen sie kategorisch ab.

Auch bei solcherart Konflikten gilt es, zunächst einmal abzuwarten und den Jugendlichen das Gefühl zu geben, dass man loslässt und ihnen die Freiheit gibt, selbst zu entscheiden, ohne sie dabei aus den Augen zu verlieren. Wenn sie Entscheidungen treffen, die ihnen ernsthaften Schaden zufügen können, muss man natürlich eingreifen, aber auch hier gilt, dass Eltern ihren Kindern das Gefühl geben, auf Augenhöhe mit ihnen zu sprechen und sich nicht ungefragt in ihre Angelegenheiten einzumischen, was in der Regel zu heftigem Protest führt.

Fühlen sich Kinder in diesem Alter unglücklich, einsam und verlassen, können Eltern ihnen auch jetzt noch einen sicheren Hafen anbieten, aber sie müssen auch zulassen, dass die Jugendlichen anfangen, ihre Sicherheitszone immer häufiger zu verlassen. Denn sie müssen jetzt lernen, sich auf manchmal für sie unbekanntem Terrain unabhängig von ihren Eltern immer selbständiger zu bewegen. Da gilt es Niederlagen ebenso zu überstehen wie die Erfahrung zu machen, dass das Glück kein ständiger und selbstverständlicher Begleiter ist, wie es in Werbung und in den sozialen Medien immer wieder behauptet wird.

Um in ein gutes Gespräch mit Kindern in ihrer Pubertätszeit zu kommen, verwendet man am besten Ich-Botschaften. Ohne sich ihnen damit zu sehr aufzudrängen, kann man aus seiner eigenen Pubertätszeit erzählen, z. B. darüber, was damals anders war, und darüber, was heute eigentlich immer noch so geblieben ist wie in ihrer eigenen Jugend. Eltern sollten dabei aber nichts Intimes von sich selbst vor ihren Kindern ausbreiten, denn Jugendliche empfinden dann Scham und wollen davon lieber nichts wissen. Aber über eigene, schöne wie unglückliche Momente zu erzählen bietet häufig Anknüpfungspunkte für ein gutes Gespräch, wenn es nicht belehrend daherkommt, sondern auf Augenhöhe stattfindet.

Finn (18) ist für sein Studium in eine andere Stadt gezogen. Er hatte sich sehr auf seinen neuen Lebensabschnitt gefreut, auf die neue Umgebung, auf sein Studium, auf Nächte in den verschiedenen Clubs, die er besuchen wollte, und auf viele neue persönliche Kontakte, die er dort und anderswo knüpfen würde. Aber alles kam ganz anders. Wegen Corona fielen etliche Lehrveranstaltungen aus, Mensen und die Bibliotheken wurden geschlossen, und zwei seiner Mitbewohner aus seiner WG zogen zumindest vorübergehend zurück in ihr Elternhaus. Er blieb allein zurück, hätte es aber als Niederlage empfunden, wieder nach Hause in sein Kinderzimmer zurückzukehren. Aber die Einsamkeit tat ihm nicht gut. Er fing an, über sein Leben zu grübeln, z. B. ob das, was er sich zu studieren vorgenommen hatte, wirklich sein Wunsch war. Warum er bisher so viele Schwierigkeiten gehabt hatte, eine Freundin zu finden. Wie es mit dem Klimawandel weitergehen würde – ob es sich überhaupt noch lohne, weiterzustudieren, auch wegen des Krieges in der Ukraine, der sich vielleicht bald auf ganz Europa ausdehnen könne. Seine Zukunftsangst nahm immer stärkere Ausmaße an. Manchmal geriet er vor Angst regelrecht in Panik, sein Herz klopfte wie rasend, und er fürchtete zu sterben. Im Netz erkundigte er sich, was Panikattacken bedeuten und woran es liegen könnte, dass es gerade ihn erwischte. Er war kurz davor, alle seine Pläne aufzugeben.

Finn hatte zu seinen Eltern ein gutes Verhältnis. Aber er hatte sich vorgenommen, ihnen von seinem ganzen Unglück nicht zu viel zu erzählen, aus Stolz, aber auch, um sie nicht unnötig zu beunruhigen. Seine Eltern wiederum spürten, dass mit ihm irgendetwas nicht stimmte, er rief kaum noch an und schickte ihnen nur noch selten eine WhatsApp, was ungewöhnlich war. Aber sie wollten ihn auch nicht mit ihren Fragen, wie es ihm gehe, zu sehr bedrängen.

Kinder im Alter von Finn lassen sich nicht mehr erziehen, was aber nicht heißt, dass sie für Eltern unerreichbar sind. Jetzt kommt es vielmehr darauf an, für seine Kinder *präsent* zu bleiben, ihnen das Gefühl zu geben, weiterhin für sie da zu sein, wenn sie es wünschen.[51] Finn wusste das. Für einige Tage kehrte er tatsächlich wieder zu sich nach Hause zurück und erzählte von sich aus von seinen Angstattacken und was ihn gerade so stark beschäftigte. So kamen alle immer besser ins Gespräch. Seine Mutter erzählte ihm, dass sie während ihres Studiums auch so »depressive Phasen«, wie sie es nannte, gehabt habe. Finn konnte sogar darüber lachen und sagte, er habe das wohl von ihr geerbt. Er traf sich in dieser für ihn gewohnten Umgebung mit einigen ehemaligen Freunden, und sie sprachen dann gemeinsam über ihre Erfahrungen, nachdem sie die Schule verlassen hatten, und ihre Pläne. Wieder für einige Zeit bei sich zu Hause fand er neuen Halt und gewann nach und nach seinen alten Lebensmut zurück. Als er schließlich an seinen Studienort zurückkehrte, erkundigte er sich beim Studierendenwerk nach einer Therapie, um seine Ängste, die er immer noch ab und zu empfand, dort anzusprechen. Auch darüber konnte er mit seinen Eltern reden und über die Fortschritte, die er mithilfe seiner Therapeutin machte. Dass er diesen Weg von sich aus gewählt hatte, erfüllte ihn sogar mit etwas Stolz.

Wann Therapie eine gute Lösung ist

Bis auf die Ausnahme traumatisierter Kinder hatten wir es in diesem Buch mit Alltagssituationen zu tun, die Kinder und Jugendliche häufig unglücklich machen. Wie wir gesehen haben, finden die meisten Kinder aus ihrem Unglück meist rasch wieder heraus. Sie leben sehr stark im Augenblick, weswegen ihre Gefühlslage schnell wechseln kann – aus empfundenem Unglück wird Freude, und umgekehrt wechseln sich glückliche Momente schnell mit unglücklichen Phasen ab. Unter der Voraussetzung, dass wir als

Eltern von Geburt an eine tragfähige Beziehung zu ihnen aufgebaut haben und sie sich von uns mit all ihren Gefühlen, guten wie unglücklichen, gewürdigt sehen und sich bei uns sicher fühlen, können wir sie dabei unterstützen, verlorengegangene Freude wiederzufinden und ihr Leben wieder mit neuem Schwung und Optimismus in Angriff zu nehmen. Dazu müssen wir ihnen, wie häufig betont, Zeit lassen, müssen selbst Geduld haben und sollten uns ihnen nicht sofort mit elterlichem Rat aufdrängen. Resilienz kann nicht erzogen, sondern muss gelebt werden. Ein Kind, das die Erfahrung gemacht hat, selbst wieder aus seinem Unglück herausgefunden zu haben, schreckt auch vor anderen Widrigkeiten in seinem Leben, die auf es zukommen, nicht zurück.

Aber nicht immer gelingt es Kindern, aus ihrem Unglück selbst herauszufinden, und nicht immer gelingt es Eltern, dabei Zurückhaltung zu üben oder ihnen helfen zu können.

Aufseiten der Eltern hat dies häufig mit eigenen Kindheitserlebnissen zu tun, die durch die traurige und unglückliche Stimmung ihrer Kinder getriggert, also erneut wieder hervorgerufen werden. Vielleicht fühlten sie sich in ihrer Kindheit selbst häufig traurig und unglücklich, fanden aber keinen Weg, dem zu entkommen, weil ihre Eltern es übersahen oder nichts damit zu tun haben wollten. Ihre damals erfahrene Hilflosigkeit überträgt sich nun von neuem auf den Umgang mit ihrem unglücklichen Kind. Sie empfinden große Angst davor, dass ihr Kind unglücklich ist oder sie selbst ihr Kind unglücklich gemacht haben. Sie dramatisieren sein Unglück oder versuchen ihm dadurch aus dem Weg zu gehen, indem sie es bagatellisieren.

Wenn Kinder und Jugendliche nicht mehr aus ihren inneren Konflikten herausfinden können und sich bei ihnen über längere Zeit psychische Auffälligkeiten zeigen und ihre Eltern das Gefühl haben, ihnen nicht weiterhelfen zu können, ist es oft notwendig, nach therapeutischer Hilfe zu suchen. Bei Kindern bis zum Alter von achtzehn Jahren haben Eltern, dies sollte man nicht vergessen, nicht nur die Möglichkeit, ihre Kinder zu solcher Hilfe zu ermuntern, sondern können sie im Extremfall auch für sie organisieren, zum Beispiel, wenn sie bei ihrem Kind suizidale Tendenzen vermuten. Wenn ihre Kinder volljährig sind, sind sie dagegen nur noch auf deren Einsicht angewiesen, sich selbst therapeutische Hilfe zu suchen, die sie auch bei schweren psychischen Auffälligkeiten nicht mehr ohne weiteres erzwingen können.

Wenn Eltern mit ihren Kindern offen und fürsorglich darüber sprechen, therapeutische Hilfe in Anspruch zu nehmen, kommt ihnen zugute, dass solche Hilfe und Unterstützung nicht mehr im selben Ausmaß wie früher stigmatisiert ist und als Schwäche ausgelegt wird, sich selbst nicht helfen zu können. Und dennoch fällt es vielen Eltern immer noch schwer, ihren Kindern therapeutische Hilfe zu empfehlen, weil sie sich damit ihre eigene Machtlosigkeit eingestehen müssen, ihren Kindern selbst wirksam helfen zu können.

Jugendlichen therapeutische Hilfe anzuraten, kann schwierig sein, weil sie gerade dabei sind, Selbständigkeit zu erlangen und sich von ihren Eltern zu lösen und abzugrenzen. Dies gilt insbesondere, wenn das Verhältnis zwischen ihnen und ihren Eltern schon vorher angespannt und schwierig war. Und auch in der Gruppe Gleichaltriger kommt der Gedanke, sich therapeutische Hilfe zu suchen, manchmal nicht besonders gut an und wird als Schwäche interpretiert, mit seinem Leben selbst fertigzuwerden. Je älter sie sind und je mehr sie sich über die Gründe ihrer Probleme klar werden, desto besser können sie diese Entscheidung auch unabhängig davon, was andere über sie denken, selbst treffen. Während der Corona-Krise haben zum Beispiel viele Auszubildende und Studierende von sich aus diesen Weg gewählt, weil sie das Gefühl hatten, selbst nicht mehr weiterzukommen, um mit ihren Ängsten und depressiven Stimmungen fertigzuwerden.

Für Eltern gilt für den Fall, dass ihre Kinder therapeutische Hilfe in Anspruch nehmen, weiterhin präsent und ansprechbar zu bleiben, sie aber auch nicht ständig auszufragen, wie es in der Therapie so läuft, oder auf einen schnellen Erfolg zu drängen. Für sie kommt es auch darauf an, eigene Schuldgefühle und Ohnmachtsgefühle zu überwinden und sich zusammen mit ihren Kindern darüber zu verständigen, ob der Weg, den sie gewählt haben, der richtige ist. Therapeutische Hilfe anzunehmen bedeutet, sich aus Einsamkeit und empfundener Hilflosigkeit zu befreien, neues Vertrauen für sich selbst und in andere aufzubauen, um schon bald sein Leben wieder genießen zu können.

Nachwort

Als ich einigen Freunden und Bekannten davon erzählte, dass sich mein nächstes Buch mit dem Recht des Kindes, unglücklich zu sein, beschäftigen würde, sahen mich einige von ihnen etwas ungläubig und verständnislos an: »Wieso schreibst du ein Buch über *unglückliche* Kinder? Alle Eltern wollen doch, dass ihr Kind glücklich ist!« Nach kurzem Nachdenken antwortete ich ihnen: »Aber genau hier liegt doch das Problem! Ein Kind kann nicht immer glücklich sein. Es gibt viele Anlässe für ein Kind, sich unglücklich zu fühlen. Dass Eltern glückliche Kinder haben wollen, ist doch eine Selbstverständlichkeit! Viel wichtiger ist zu wissen, wie wir mit einem Kind umgehen, wenn es *nicht* glücklich ist, sondern sich traurig, einsam und unverstanden fühlt. Übrigens ist es für Kinder und Jugendliche gar nicht immer so einfach, unglücklich zu sein, denn häufig wird dieses Gefühl mit Schwäche und dem eigenen Unvermögen, glücklich zu sein, gleichgesetzt. Auch Eltern schämen sich ja oft, zuzugeben, dass ihr Kind unglücklich ist, und wollen davon am liebsten nichts wissen.«

Im Anschluss an diese Gespräche habe ich mich dann auf Spurensuche begeben. Bei den Kindern, mit denen ich arbeite, bei ihren Eltern und denen, die beruflich mit ihnen zu tun haben. Und je länger die Gespräche mit ihnen andauerten und je mehr ich von unglücklichen Kindern in Erfahrung bringen konnte, desto mehr stieß ich auf die vielen Schwierigkeiten, die Kinder und Jugendlichen begegnen, ihr Unglück anderen mitzuteilen. Das gesellschaftliche Gebot, sich immer nur glücklich zu fühlen, hatten sie dabei fast alle im Hinterkopf. Umgekehrt habe ich auch von vielen Eltern und pädagogischen Fachkräften erfahren, wie schwer es ihnen manchmal gefallen ist, unglücklichen Kindern und Jugendlichen zu begegnen, sie zum Sprechen zu bewegen und ihnen entsprechende Unterstützung anzubieten, dass sie sich wieder geborgen und sicher bei ihnen fühlen können.

Daran anschließend wurde mir immer klarer, dass ich dieses Buch schreiben musste. Kinder und Jugendliche müssen sich nicht jedem Glücksversprechen in unserer Gesellschaft unterwerfen, sondern von uns Erwachsenen die Gelegenheit geboten bekommen, darüber selbst zu entscheiden, was für sie Glück und Unglück bedeutet. Beides liegt für sie oft dicht beieinander und sie spüren ja selbst, dass das eine nicht ohne das andere zu haben ist. Es ist also wichtig, mit ihnen über beides ins Gespräch zu kommen: über Glück und Unglück in ihrem Leben. Im Gespräch mit ihnen wurde mir noch einmal bewusst, welch kostbares Gut das Glück ist, gerade wenn wir von ihnen erfahren und lernen, was für sie Unglück bedeutet.

Literatur

Ainsworth, Mary, Silvia Bell: Bindung, Exploration und Trennung am Beispiel des Verhaltens einjähriger Kinder in einer »Fremden Situation«. (1970). In: Grossmann, K. E./Grossmann, K.: Bindung und menschliche Entwicklung. Stuttgart: Klett-Cotta 2009 (S. 146–168)

Ainsworth, Mary, Bell, Silvia M., Stayton, Donelda J.: Bindung zwischen Mutter und Kind und soziale Entwicklung: »Sozialisation« als Ergebnis gegenseitigen Beantwortens von Signalen. (1974). In: Grossmann, K. E ./Grossmann, K.: Bindung und menschliche Entwicklung. Stuttgart: Klett-Cotta 2009 (S. 242–279)

Andersen, Hans Christian: Märchen. Aus dem Dänischen von Albrecht Leonhardt. Mit Bildern von Nikolaus Heidelbach. Weinheim und Basel: Beltz 2004

Antonovsky, Aaron: Salutogenese. Zur Entmystifizierung der Gesundheit. Tübingen: dgvt 1997

Baer, Udo/Frick-Baer, Gabriele: Das große Buch der Gefühle. Weinheim und Basel: Beltz 2014

Baer, Udo/Koch Claus: Pädagogische Beziehungskompetenz. Grundlagen für Erzieher*innen und Lehrer*innen. Mühlheim an der Ruhr: Verlag an der Ruhr 2020

Baer, Udo/Koch, Claus: Corona in der Seele. Was Kindern und Jugendlichen wirklich hilft. Stuttgart: Klett-Cotta 2021

Bettelheim, Bruno: Kinder brauchen Märchen. München: dtv 1980

Bowlby, John: Frühe Bindung und kindliche Entwicklung. Übersetzt von Ursula Seemann. München: Reinhard 2021

Bowlby, John: Bindung als sichere Basis. Grundlagen und Anwendung der Bindungstheorie. Übersetzt von Helene Hanf und Axel Hillig. München: Reinhard 2021

Cabanas, Edgar/Illouz, Eva: Das Glücksdiktat und wie es unser Leben beherrscht. Übersetzt von Michael Adrian. Berlin: Suhrkamp 2019

Delfos, Martine F.: »Sag mir mal …« Gesprächsführung mit Kindern. Übersetzt von Verena Kiefer. Weinheim und Basel: Beltz 2004

Dornes, Martin: Der kompetente Säugling. Die präverbale Entwicklung des Menschen. Frankfurt am Main: Fischer 2001

Ehrenreich, Barbara: Smile or die. Wie die Ideologie des positiven Denkens die Welt verdummt. Übersetzt von Gabriele Gockel und Barbara Steckhahn. München. Kunstmann 2010

Freud, Sigmund: Das Unbehagen in der Kultur. In: Sigmund Freud. Studienausgabe Band IX. Frankfurt am Main: Fischer 1982

Grossmann, Karin/Grossmann, Klaus E.: Bindungen – das Gefüge psychischer Sicherheit. Stuttgart: Klett-Cotta 2008

Grossmann, Klaus E./Grossmann, Karin: Bindung und menschliche Entwicklung. Stuttgart: Klett-Cotta 2009 (S. 242–279)

Juul, Jesper: Das Kind in mir ist immer da. Mein Leben für die Gleichwürdigkeit. Weinheim und Basel: Beltz 2018

King, Stephen: Das Mädchen. Aus dem Englischen von Wulf Bergner. München: Schneekluth 2000

Koch, Claus: Pubertät war erst der Vorwaschgang. Wie junge Menschen erwachsen werden und ihren Platz im Leben finden. Gütersloh: Gütersloher Verlagshaus 2017. (Eine Überarbeitung und Fortsetzung dieses Buches erscheint im Frühjahr 2024 unter dem Titel »Die Odysseusjahre« beim Verlag Klett-Cotta in Stuttgart.)

Koch, Claus: Trennungskinder. Wie Eltern und ihre Kinder nach Trennung und Scheidung wieder glücklich werden. Stuttgart: Patmos 2019

Koch Claus: Erziehung zur Weltoffenheit. Zoes Geschichte. Stuttgart: Patmos 2022

Korczak, Janusz: Das Kind neben dir. Berlin: Volk und Wissen 1990

Korczak, Janusz: Wie man ein Kind lieben soll. Herausgegeben von Sabine Andresen. Göttingen: Vandenhoeck und Ruprecht 2018

Märchen der Brüder Grimm. Mit Bildern von Nikolaus Heidelbach. Weinheim und Basel: Beltz 1995

Owens, Delia: Der Gesang der Flusskrebse. Übersetzt von Ulrike Wasel. München: Hanser 2019

Petzold, Theodor Dierk: Gesundheit ist ansteckend – Praxisbuch Salutogenese. München: Irisiana 2020

Piaget, Jean: Psychologie der Intelligenz. Stuttgart: Rascher 1947

Prengel, Annedore: Pädagogische Beziehungen zwischen Anerkennung, Verletzung und Ambivalenz. Leverkusen: Barbara Budrich 2013

Renz-Polster, Herbert: Die Kindheit ist unantastbar. Warum Eltern ihr Recht auf Erziehung zurückfordern müssen. Weinheim und Basel: Beltz 2014

Rousseau. Jean-Jacques: Emile oder Über die Erziehung. Übersetzung: Eleonore Sckommodau. Stuttgart: Reclam 1963

Schiffer, Eckhard: Entdeckung sozialer Gesundheit. Möglichkeitsräume für Vertrauen, Respekt und kreatives Zusammenspiel in jedem Lebensalter. Gießen: Psychosozial Verlag 2021

Schreiber, Juliane Marie: Ich möchte lieber nicht. Eine Rebellion gegen den Terror des Positiven. München: Piper 2022

Seligman, Martin: Der Glücks-Faktor. Warum Optimisten länger leben. Übersetzt von Siegfried Brockert. Köln: Lübbe 2005

Seligman, Martin: Flourish – Wie Menschen aufblühen. Die Positive Psychologie des gelingenden Lebens. Übersetzt von Stephan Schuhmacher. München: Goldmann 2012

Stamm, Margrit: Angepasst, strebsam, unglücklich. Die Folgen der Hochleistungsgesellschaft für unsere Kinder. München: Kösel 2022

Steiner, Georg: Warum Denken traurig macht. Übersetzt von Nicolaus Bornhorn. Berlin: Suhrkamp 2008

Stern, Daniel: Mutter und Kind. Die erste Beziehung. Stuttgart: Klett-Cotta 2000

Waaldijk, Kees: Janusz Korczak: Vom klein sein und groß werden. Übersetzt von Verena Kiefer. Weinheim und Basel: Beltz 2002

Winklhofer, Ursula: Kinderrechte in pädagogischen Interaktionen. Die »Reckahner Reflexionen zur Ethik pädagogischer Beziehungen«. Ursula Winklhofer DJI-Jahrestagung »Kinderrechte: Jetzt wird's ernst«. Berlin 13./14.11.2018

Winnicott, Donald W.: Das Baby und seine Mutter. Stuttgart: Klett-Cotta 1990

Anmerkungen

1 Sigmund Freud: Das Unbehagen in der Kultur, S. 208

2 Edgar Cabanas u. Eva Illouz: Das Glücksdiktat und wie es unser Leben beherrscht

3 Aaron Antovosky: Salutogenese. Zur Entmystifizierung der Gesundheit. Eckhard Schiffer: Entdeckung sozialer Gesundheit. Möglichkeitsräume für Vertrauen, Respekt und kreatives Zusammenspiel in jedem Lebensalter

4 Juliane Marie Schreiber: Ich möchte lieber nicht. S. 152

5 Barbara Ehrenreich: Smile or die. Wie die Ideologie des positiven Denkens die Welt verdummt

6 Juliane Marie Schreiber: Ich möchte lieber nicht. Eine Rebellion gegen den Terror des Positiven, S. 106

7 Margrit Stamm: Angepasst, strebsam, unglücklich. Die Folgen der Hochleistungsgesellschaft für unsere Kinder, S. 23

8 Margrit Stamm, a. a. O., S. 11

9 Herbert Renz-Polster: Die Kindheit ist unantastbar. Warum Eltern ihr Recht auf Erziehung zurückfordern müssen, S. 9

10 Cabanas u. Illouz, a. a. O., S. 206

11 Herbert Renz-Polster, a. a. O., S. 214

12 Claus Koch: Pubertät war erst der Vorwaschgang. Wie junge Menschen erwachsen werden und ihren Platz im Leben finden

13 Martin Dornes: Der kompetente Säugling. Die präverbale Entwicklung des Menschen. Daniel Stern: Mutter und Kind – Die erste Beziehung. Donald W. Winnicott: Das Baby und seine Mutter

14 John Bowlby: Frühe Bindung und kindliche Entwicklung. John Bowlby: Bindung als sichere Basis. Grundlagen und Anwendung der Bindungstheorie. Mary Ainsworth u. a.: Bindung zwischen Mutter und Kind und soziale Entwicklung: »Sozialisation« als Ergebnis gegenseitigen Beantwortens von Signalen

15 Claus Koch: Erziehung zur Weltoffenheit. Zoes Geschichte

16 Mary Ainsworth u. Silvia Bell: Bindung, Exploration und Trennung am Beispiel des Verhaltens einjähriger Kinder in einer »Fremden Situation«

17 Bruno Bettelheim: Kinder brauchen Märchen, S. 13
18 Ebd., S. 15 f.
19 Delia Owens: Der Gesang der Flusskrebse, S. 11
20 Ebd., S. 99
21 Ebd., S. 125
22 Ebd., S. 448
23 Jean-Jacques Rousseau: Emile oder Über die Erziehung, S. 193
24 Ebd., S. 102
25 Ebd., S. 206
26 Ebd., S. 107
27 Ebd., S. 111
28 Ebd., S. 351
29 Zit. nach Janusz Korczak: Das Kind neben dir, S. 30
30 Zit. nach Kees Waldijk: Janusz Korczak. Vom klein sein und groß werden, S. 35
31 Janusz Korczak: Wie man ein Kind lieben soll, S. 31
32 Ebd.
33 Ebd., S. 34
34 Ebd., S. 34
35 Ebd., S. 35
36 Janusz Korczak: Das Kind in der Familie, zit. nach Janusz Korczak: Das Kind neben dir, S. 62
37 Claus Koch: Erziehung zur Weltoffenheit. Zoes Geschichte
38 Ebd., S. 26
39 Ebd., S. 54 f.
40 Ebd., S. 58
41 Ebd., S. 72
42 Ebd., S. 135
43 Ebd., S. 74 f.
44 Janusz Korczak: Wie man ein Kind lieben soll, a. a. O., S. 69
45 Stephen King: Das Mädchen
46 Udo Baer u. Claus Koch: Pädagogische Beziehungskompetenz. Grundlagen für Erzieher*innen und Lehrer*innen
47 Annedore Prengel: Pädagogische Beziehungen zwischen Anerkennung, Verletzung und Ambivalenz

48 Claus Koch: Trennungskinder. Wie Eltern und ihre Kinder nach Trennung und Scheidung wieder glücklich werden

49 So der Titel eines 2020 im Beltz Verlag erschienenen sehr erfolgreichen Elternratgebers

50 Jesper Juul: Das Kind in mir ist immer da. Mein Leben für die Gleichwürdigkeit, S. 140 f.

51 Claus Koch: Pubertät war erst der Vorwaschgang. Wie junge Menschen erwachsen werden und ihren Platz im Leben finden